D1565128

Hablando *bien* se entiende la gente 2

Recomendaciones idiomáticas
de la Academia Norteamericana
de la lengua española

Gerardo Piña-Rosales
Jorge I. Covarrubias
Domnita Dumitrescu

Editores

AGUILAR

©2014, ACADEMIA NORTEAMERICANA DE LA LENGUA ESPAÑOLA (ANLE)
P.O. Box 349
New York, NY, 10116
www.anle.us

 ANLE

©2014 Hablando *bien* se entiende se entiende la gente 2
©De esta edición:
2014, Santillana USA Publishing Company, Inc.
2023 N.W. 84th Ave.
Doral, FL, 33122
Teléfono: (305) 591-9522
Fax: (305) 591-7473
www.prisaediciones.com

Primera edición: marzo de 2014
ISBN: 978-0-88272-083-8

Diseño de cubierta: María Isabel Correa www.monichdesign.com
Diseño de interiores: Grafika, LLC
Ilustraciones: Esteban Tolj www.estebantolj.blogspot.com

Printed in USA by HCI Printing CO.

 **PRISA** EDICIONES

Hablando *bien* se entiende la gente 2

Recomendaciones Idiomáticas de la Academia Norteamericana de la lengua española

Gerardo Piña-Rosales
Jorge I. Covarrubias
Domnita Dumitrescu
Editores

Con la colaboración de

Emilio Bernal Labrada

Antonio Culebras

Daniel R. Fernández

Patricia López-Gay

Nuria Morgado

Rolando Pérez

Alister Ramírez

Luis Ríos

Porfirio Rodríguez

Christian Rubio

Carmen Tarrab

La aventura continúa

Cuando confiamos en el buen criterio de Santillana USA para lanzar al mercado nuestro libro *Hablando* bien *se entiende la gente* (2009), avalado por la notable repercusión que nuestras breves recomendaciones idiomáticas sobre el español habían tenido en la televisión hispana en Estados Unidos, no nos imaginamos la excelente acogida que iba a brindarle el público.

Por eso nos sorprendió que, a poco más de un año de su publicación, la editorial nos encargara el segundo volumen de una serie que enseña, sin sermonear, cómo sortear con éxito los mil y un escollos del idioma español sometido al bombardeo constante del inglés.

Es así como sale a la luz esta segunda parte de una serie preparada y editada por miembros de la Academia Norteamericana de la Lengua Española (ANLE), una de las veintidós academias que conjuntamente elaboran el Diccionario, la Gramática, la Ortografía y otras obras académicas como servicio a la comunidad global de los 450 millones de hispanohablantes en el mundo.

Mientras la ANLE inicia su cuarto año ininterrumpido en la televisión hispana en Estados Unidos, presenta esta segunda parte de una serie que, escrita con un lenguaje sencillo, accesible y con sentido del humor, ha sido gratamente recibida por el público en general.

En el ámbito académico nuestro libro obtuvo comentarios muy positivos. Por ejemplo, Francisco Peñas-Bermejo, profesor de lengua española en la Universidad de Dayton, escribió:

Ahí reside el éxito de *Hablando bien se entiende la gente*: en la difícil facilidad de lograr ser amenos y, a la vez, proteger la identidad e integridad del idioma, solidificar su uso correcto y presentar ejemplos cotidianos, naturales, en los que la anécdota abre el camino del conocimiento y el respeto por el español.

En este nuevo capítulo de nuestra aventura por los senderos del idioma español, los editores de *Hablando* bien *se entiende la gente 2* queremos agradecer la bienvenida que nos ha dado el público ofreciéndole una segunda gavilla de recomendaciones idiomáticas para que nos acompañen alegremente en el camino del buen decir.

Los editores

"Más claro que el agua"

Recomendaciones idiomáticas

Abusar de

> Bajo la influencia del inglés se suprimen en español preposiciones que son necesarias, si el verbo correspondiente en inglés no las tiene. Por ejemplo: *to abuse someone's confidence* debe expresarse como *abusar de la confianza de alguien*, no "abusar la confianza de alguien". Ojalá, queridos lectores, no sientan que abusamos de su paciencia con estas recomendaciones idiomáticas.

Adjunto, anexo (por *attachment* en el correo electrónico) >

Cuando usted envía un correo electrónico y debe agregarle un documento, ¿le dice a quien se lo envía que le manda un *attachment*? En español no se dice *attachment* sino *anexo, adjunto* o *agregado*. Y mucho menos diga que le "attachea" un *attachment*. No olvide que si bien la terminología informática proviene mayoritariamente del inglés, el español tiene equivalentes adecuados.

Advertisement

> Adriana dice: "Trabajo en una agencia de *advertisement* y me toca hacer 'advertencias' de perfumes". Parece ser que lo que quiere decir Adriana es que trabaja en una *agencia de publicidad* y tiene que hacer *anuncios* de perfumes, porque, de lo contrario, parecería que lo que hace es advertir a los clientes sobre los peligros de usar perfumes. Una *advertencia* es un aviso para prevenir.

Advice > Reinaldo está locamente enamorado de Anaoris, pero como es tímido no sabe cómo declararle su amor, así que le pregunta a su mejor amigo: "¿Qué *advice* me das?". El amigo le responde: "¿*Advice*? Lo que te voy a dar es un consejo y no un *advice*: para conquistar a esa mujer que tanto te gusta, comienza por cuidar más tu lengua y no mezcles tanto el inglés con el español".

Advise > "Tengo un problema bastante grave con mi mujer —le cuenta Carmelo a su amigo Regino— necesito que me 'avises' sobre lo que debo hacer para solucionarlo". Carmelo, al parecer, no sólo tiene problemas con su mujer, sino también con los falsos cognados, esas palabras provenientes de distintos idiomas que se parecen mucho superficialmente pero que significan cosas muy distintas. En este caso, Carmelo emplea la palabra "avisar" como se emplea la palabra *advise* en inglés, es decir, en su sentido de *aconsejar*. Lo correcto hubiese sido, desde luego, que Carmelo le hubiera pedido a Regino que le aconsejara sobre lo que debía hacer, ya que *avisar*, en español, significa "advertir o hacer saber algo a alguien".

Aeropuerto > Elio pone la televisión para ver qué dice el noticiero sobre la tormenta de nieve que azota la ciudad, y después de un rato, se dirige a su madre, que está en otra habitación de la casa y, le dice: "Mamá, anuncian por la tele que los 'areopuertos' están cerrados por la tormenta". "Elio —contesta ella—, no creo que el locutor haya dicho 'areopuertos', sino *aeropuertos*". La mamá de Elio tiene razón: si decimos *aeroplano*, ¿no tendríamos que decir *aeropuerto* ya que el prefijo *aero* viene de *aire*?

Alarm Clock ›

"A las cinco de la mañana, sonó 'la alarma'", le comentó Marcos a un compañero de trabajo. Pues ocurre que utilizó un calco del inglés *alarm clock*. En español, se dice *despertador*. *Alarma* es una señal que avisa de un peligro. La próxima vez asegúrese de que suene el despertador y no un sistema de seguridad.

Alterado/Enojado›

En el anuncio de una sastrería se leía: "'Se alteran' pantalones a un precio 'confortable'". ¿Cómo? ¿Pantalones enojados? Sin duda el anuncio quería decir que *se arreglaban* pantalones a precios *cómodos*, *baratos* o *razonables*. Aunque el adjetivo *alterado* significa también cambio —"Lo encontré muy alterado; seguramente le habrían dado una mala noticia"—, en este caso de la sastrería el término más preciso es *arreglar*.

Antiquísimo ›

Roberto dijo que las pirámides de Egipto eran "antigüísimas". Cristina le aclaró: "Tienes toda la razón, son más viejas que mi abuela, pero deberías haber dicho *antiquísimas*, que es el superlativo adecuado". Roberto pensó que Cristina era una chica muy pedante, pero tuvo que aceptar que su español era excelente.

Aprobar, reprobar

> Nos dijo por televisión un experto, respecto a cierta falla informática, que él personalmente había "aprobado y reprobado todos los sistemas", por lo que confiaba en que el problema estaba resuelto. Resuelto, sí, lo de la capacidad del comentarista, puesto que con ello nos dijo que había hecho lo imposible: aprobar y desaprobar los sistemas a un mismo tiempo. *Reprobar* no significa "volver a aprobar", sino *desaprobar* o *suspender*.

Asignaciones

> ¡Cuántas veces el parecido nos engaña! Hay palabras en inglés que se parecen tanto a las del español que a veces las usamos sin darnos cuenta... y metemos la pata. El periódico nos presenta una de esas equivocaciones cuando nos informa que "El Comité de 'Apropiaciones' del Senado asignó una partida de mil millones de dólares a tal proyecto", sin tener en cuenta que *appropriation* en inglés no es "apropiación" en español, sino *asignación*. Por lo tanto el periódico debió haber dicho *Comité de Asignaciones* para designarlo correctamente.

Ayuda / Tratamiento

> La noticia es que un joven ha cometido un hecho totalmente alocado. Entonces nos dicen, para concluir el segmento, que el muchacho "necesita ayuda". No, el que necesita ayuda, al menos para darnos la noticia como es debido, es el redactor. Ha usado el idioma español, pero pensando en inglés: *He needs help.* Lo que necesita el pobre muchacho —y acaso otros que estén en parecidas condiciones— es otra cosa: *tratamiento mental.*

Background › En una fiesta, de repente alguien le pregunta a usted que cuál es su *background,* palabra inglesa que suele emplearse para expresar varias cosas. Usted, al tanto de esto, no sabe muy bien cómo contestar, pues *background* podría significar, según el caso, *extracción social* o *cultural, formación, conocimientos, experiencia, antecedentes, documentación, bagaje* o incluso, *trasfondo* o *segundo plano.* ¿Por qué emplear *background* entonces, palabra comodín inexacta, cuando se pueden emplear otros términos mucho más exactos y claros en español?

Backup / Refuerzos › Cuando encendemos la radio local, escuchamos: "La operación militar requiere *backup* urgentemente". Pero lo que quería decir aquí el locutor es que la operación militar requería *refuerzos* o *respaldo,* es decir, más personal para lograr su misión. ¡Pongámonos en guardia y demos *respaldo* a nuestra lengua!

Baptists › Denominar "baptistas" a los *bautistas* es un disparate que no se ha resuelto en el *DRAE* (Diccionario de la Real Academia Española). Hay millones de *bautistas* que hablan español, cientos de miles de ellos en Estados Unidos, y para ellos eso de "baptista" es un anglicismo imperdonable. Los *bautistas* que hablan español jamás se han identificado como "baptistas". *Baptists* en inglés es correcto, pero decir "baptista" en español es injustificable.

Barbecue › Nicholas se encontró en el supermercado con su amigo Armando, y este le dijo: "Te invito a un *barbecue*". Armando, que acababa de llegar de Costa Rica, creyó que Nicholas quería llevarlo al barbero. Pero después se dio cuenta de que no se trataba de barbería sino de gastronomía. Lo que Nicholas quiso decir era que lo invitaba a una *barbacoa, parrillada* o *asado*.

Bigot › Sofía, indignada por la actitud de un vecino que, según ella, nunca respeta las opiniones ajenas, le dice a su amiga Iliana: "¡Está lleno de prejuicios! ¡No tolera que nadie piense distinto de él! ¿Sabes qué es? ¡Es un 'bigote'!". Su comentario parece totalmente alejado de la realidad porque Iliana conoce al individuo en cuestión y bien sabe que es lampiño. Lo que sucede es que Sofía pensó en el término inglés *bigot* y lo aplicó sin ton ni son al español. Por eso, Iliana la saca del error y le indica que deje los bigotes para los barberos, que lo que quiere decir es que el vecino de marras es *intolerante*.

Bill › Muchos términos se filtran del inglés al español. Por ejemplo, algunos hispanounidenses dicen con toda naturalidad que deben pagar sus "biles". Ni "bil" ni "biles" son voces españolas, sino la hispanización de la voz inglesa *bill*, cuyo plural es *bills*. El término correcto en español es *factura* o *cuenta*.

RECOMENDACIONES IDIOMÁTICAS

Blackout › En un telediario, un presentador nos informa que hay *blackouts* en varias ciudades del centro del país debido a los fuertes tornados que han fustigado la zona en las últimas horas. Hoy en día, las noticias a veces se tienen que transmitir con premura, casi al instante del suceso que reportan, y es obvio que el redactor no tuvo tiempo de encontrar el equivalente español de la palabra *blackout*. Este vocablo se traduce, simple y llanamente, como *apagón*, es decir, la interrupción pasajera del suministro de energía eléctrica.

Bolsa de valores › Nos comentan en una emisión noticiera los altibajos del "mercado de la bolsa". Bueno, la *bolsa del mercado* es lo que usamos para llevar los víveres adquiridos. Pero, "el mercado de la bolsa" ¿será donde se venden bolsas? Otra cosa es la *bolsa de valores*, que mal se denomina "mercado", también por influencia del *market* inglés. Aunque teóricamente sería posible nombrar a esa entidad *mercado de valores*, creemos preferible atenernos a la tradicional *bolsa*.

Bufet o *Bufé*, nunca *Bufete* › Cuando se habla de una comida que se ofrece en mesas o mostradores de autoservicio, se trata de un *bufé* o *bufet*, algo común en hoteles y ceremonias o fiestas. Un *bufete* es, en cambio, el despacho de un abogado. No coma en un bufete de abogados porque le saldrá muy caro.

Building › Un pasajero de un autobús matutino hablaba de un tal "bildin" *(building)* que tenía que visitar para resolver no sabemos qué asunto urgente. En español, la palabra correcta para *building* es *edificio*. Labor importante es la de seguir edificando nuestro idioma para asegurarnos de que se mantenga tan sólido como cualquier *edificio* digno de admiración.

Calefacción, radiadores, caldera › En una

ciudad del norte, en uno de esos días fríos de invierno, Herminia llama a su amiga Evelina, que vive en su mismo edificio, y después de saludarla le pregunta: "¿Por casualidad tú tienes 'estín' en tu apartamento?, porque yo me estoy muriendo de frío; los 'estines' están helados; yo sé que están arreglando la 'boila', ¡pero esto es demasiado!". Evelina, que vino de Centroamérica hace solamente un mes, le responde: "¿Qué estás diciendo? No te entiendo". Claro, ¡cómo la va a entender la pobre Evelina!: Herminia usó la palabra "estín" (*steam* en inglés), en vez de *calefacción*; "estines" (que en inglés no significa nada) en vez de *radiadores*, y "boila" (*boiler* en inglés) en vez de *caldera*.

Candid › Queremos saber qué ocurrió en las negociaciones entre dos gobiernos que no se llevan muy bien, y leemos en el periódico que "las conversaciones entre los dos presidentes fueron 'cándidas'" porque los dos hablaron sin pelos en la lengua. ¿No habrá habido una influencia indebida del inglés? Porque *cándido* en español significa "sencillo, sin malicia ni doblez" o "simple, poco advertido", y si los dos mandatarios se dijeron todo lo que tenían que decir, no es ese el término adecuado. Lo que ocurre es que el redactor pensó en *candid* en inglés, que en español se traduce mejor como *franco, sincero, espontáneo,* que es la calificación que cabe dar a ese tipo de negociaciones.

Caption › Ángel está leyendo el periódico y le comenta a su esposa Leticia: "Mira lo que se dice de la banda Los Norteños en la 'capción' de esta foto". Leticia, confundida, le pregunta que qué es eso de "capción" y él le responde: "¡Pues estas letritas que están debajo de la foto!". "Pero, Ángel —le dice ella—, ¿es que ya te has olvidado de que en español a esas letritas se les llama *pie de foto, pie de grabado* o *leyenda,* y no 'capción', que es una copia del inglés?".

Car Dealer › El aviso en el periódico decía "¿QUIERE COMPRAR UN AUTO BARATO? ¡VAYA AL 'DÍLER' DE LA CALLE ROOSEVELT!". ¿'Díler'? ¿Cómo se diría en español? A la empresa donde se venden automóviles se le llama *concesionario* o *concesionaria*; a la persona que los vende, sencillamente *vendedor.*

Certified Public Accountant (CPA) ›

"¿Me puedes dar el teléfono de tu 'cipiei' porque el mío se acaba de jubilar?", le pregunta Alfredo a Arturo. Arturo, un poco desconcertado, pues todavía no está familiarizado con esas siglas en inglés, le contesta: "Perdona, Alfredo, pero ¿qué es un cipiei?". "Es la persona que te lleva la contabilidad y que te prepara la declaración de los impuestos de fin de año". "Ah, pero en español se dice *contador* o *contable,* por eso no entendía". "Es verdad, Arturo, 'cipiei' es la pronunciación de las siglas en inglés CPA (*Certified Public Accountant*)".

Chatarrería › El sitio donde se vende chatarra —sobre todo partes usadas de automóviles— se llama *chatarrería* y no "yónquer" (del inglés *junkyard*). Aun cuando no están aceptados en el *DRAE*, los términos *deshuesadero* y *desguazadero* pueden ser aceptables. Con estos sinónimos a mano, estará de acuerdo con que es innecesario usar "yónquer".

Cheetah › "A mí me encantan los programas de animales en la tele, como los de *Wild World*", le dice un amigo a otro. Este le pregunta: "Entonces sabrás cuál es el carnívoro más rápido del planeta". El otro le responde: "Claro, la 'chita' (*cheetah*)". "No, hombre, Chita era la mona de Tarzán. A ese felino se le llama *guepardo*, que es capaz de correr a sesenta millas por hora".

Clasificar / Ordenar / Organizar › Cuando

Gerardo fue a la oficina de correos y el empleado le dijo que esperara un poco porque estaba "sorteando" (del inglés *to sort*) la correspondencia. Gerardo, entusiasmado, le preguntó si estaban rifando las cartas. "No, señor —le respondió el empleado—, estoy separando las cartas que van al exterior de las nacionales". Haber dicho *separar* es mejor que "sortear", pero lo más preciso hubiera sido *clasificar, ordenar* u *organizar*.

Collection Agency › Una *colección*, en español, es

un conjunto de cosas, por lo general, de la misma clase; no tiene nada que ver con dinero, como por ejemplo cuando se habla de una colección de mariposas, una colección de monedas, etc.; pero en inglés, *collection agency* es la agencia que se dedica a *cobrar* el dinero adeudado. ¿Es que acaso la agencia pertenece o puede pertenecer a una "colección"? Diga en cambio: "Recibí una llamada telefónica de una *agencia de cobros*; dicen que me pueden ayudar a pagar mis deudas". Aunque se anuncien así, usted no necesita una "agencia de colección".

College > Imagine la siguiente situación: en el supermercado se encuentra con una conocida que le pregunta por su hijo Jorgito, a lo cual usted responde que está muy bien, que está ya muy grande y que, "figúrate, ya hasta va al colegio". Su amiga exclama con sorpresa, "¿Al colegio, pero cómo?, ¡si apenas andará por los 6 años!". Sin duda, a su amiga, la palabra "colegio" le hizo pensar en *college*, que en inglés se utiliza para referirse específicamente a universidades o instituciones de enseñanza superior para alumnos adultos. *Colegio*, en español, en cambio, se emplea por lo regular para referirse a centros de estudios para menores de edad. Sin embargo, hay que señalar que en español también se puede hablar de colegios militares, colegios de abogados y colegios universitarios, todos ellos establecimientos para personas adultas.

Comestible / Comible > Mientras come tranquilo en un restaurante con unos amigos, de pronto uno de los comensales se pone en pie y vocifera agitando las manos: "¡Qué barbaridad! ¿Cómo se le puede llamar comida a esto si ni siquiera es 'comestible'? Tiene un sabor horrible. Exijo hablar con el encargado del restaurante ahora mismo". Claro, es obvio que la comida no es lo único que está mal aquí, sino también el uso de la palabra que nuestro insatisfecho comensal ha empleado para referirse a la comida que le produjo tal desagrado. Lo que quiso decir es que la comida no era *comible*, es decir, que era desagradable al paladar. En cambio se dice que algo no es *comestible* cuando hace daño al organismo, independientemente del mal o buen sabor que tenga. Es decir, puede haber comida que es *comible* pero al mismo tiempo *incomestible* y al revés.

Commodity, commodities › Aunque le resulte

cómodo, no traduzca *commodities* por "comodidades". Tampoco lo use en inglés. Si oye o lee *commodity* o *commodities* es porque a menudo los especialistas y los periodistas financieros prefieren coquetear con las terminologías internacionales, con la jerga del mercado. Lo más adecuado sería que hablaran de *mercado de materias primas* —y no de *commodity* o *commodities*—, un término bien conocido por todos, ya que de hecho es el más antiguo mercado bursátil y se refiere a aquellas mercancías o productos que sirven de base a otras industrias.

Community Manager › En el terreno de las redes

sociales ha surgido recientemente el término *community manager*, que es ya también un título laboral, cuyas responsabilidades incluyen transmitir, generar o actualizar contenidos en las redes e interactuar con los usuarios. El título adecuado en español para estos nuevos animadores o administradores de contenido en Internet debe ser: *asesor de redes sociales.*

Complexión / Piel, tez › El policía le pidió a Ana

una descripción del asaltante y Ana le dijo: "El hombre tiene la 'complexión' pálida". El hombre podría haber tenido la *complexión* fuerte, débil o escuálida, pero no pálida. Ana debería haber dicho: "El hombre tiene la *piel* —o la *tez*— blanca".

Compliment >

Carlos le confesó a su vecino César que cada vez que pasa frente a su casa esa vecinita tan linda que lo tiene loco no puede evitar hacerle un "complimento". Pero el enamorado Carlos tiene una evidente confusión entre dos idiomas, porque lo que en inglés se denomina *compliment* no se traduce por "complimento" en español. La costumbre de Carlos es *hacerle cumplidos* o *echarle piropos* a su enamorada.

Comprehensive >

Un informe de un laboratorio farmacéutico nos ofrece una base de datos "comprensiva" sobre el cáncer. ¿Comprensiva? Según el *DRAE*, *comprensivo* es quien tiene la facultad de comprender, y dudamos mucho de que un informe presente esas condiciones humanas. *Comprensivo* también es *tolerante*, condición que tampoco se aplica a un informe. Lo que sucede es que el laboratorio ha traducido el inglés *comprehensive* por "comprensivo", suponiendo que era el término adecuado. Pero no lo es. En español se traduce por *amplio, abarcador, absoluto, global* o *integral*. En este caso podemos hablar de una *amplia* base de datos sobre el cáncer.

Congreso y convención >

A un simposio o una reunión de varias personas profesionales o académicas que se congregan para hablar sobre un tema se le denomina *congreso*. *Convención*, en cambio, se limita por lo general a las reuniones de los partidos políticos o a la asamblea de representantes de un país. El propósito de una convención es llegar a un acuerdo o suscribir un convenio.

Contractor ›

—Esta casa se nos ha quedado pequeña", le dice Alberto a su esposa Sandra—. Voy a buscar un 'contractor' a ver si nos hacen una ampliación". Y Sandra, en plan de broma, le pregunta: "¿Y la ampliación nos la van a hacer con un tractor?". Alberto, un tanto amoscado, le responde: "Pues no creo que usen tractor para esos trabajos". Y Sandra le explica: "Alberto, lo que tienes que buscar no es un 'contractor' sino un *contratista,* y, de paso, búscate un buen diccionario de español".

Copia de Seguridad ›

Doña Rosa trataba de organizar las fotos familiares en la computadora, cuando de pronto gritó alarmada: "¡Ay, Dios mío, creo que borré todas las fotos sin querer!". Normita, su hija, acudió en su ayuda y le preguntó: "¿No les hiciste un *backup* a las fotos?". La madre exclamó: "¿Un quééééé?". "Sí, un *backup.* ¿No las copiaste en un disco?". "No, Normita, no tuve la precaución de hacer una *copia de seguridad".* "Vaya, mamá, en español no hay quien te gane, pero en el manejo de la computadora tienes mucho que aprender", le replicó Normita.

Copy › "Quiero comprar 'una copia' de Don Quijote", le escribe un joven a una editorial. Bueno, copiar la novela, incluso con la tecnología moderna, no es nada fácil, porque *copiar* en español significa reproducir un original. Lo que esta persona quería era *un ejemplar* del libro. Si se hubiera tratado de una revista, debería haber pedido *un número* de la publicación, y si este número ya no estuviera disponible, debería encargar lo que en inglés es un *back copy*, o sea *un número atrasado*. En cambio, sí es fácil hacer copias de una foto, de un manuscrito, de un mapa, de una canción. Y también, en sentido figurado, se puede ser la *copia* de una persona ("Fulanito es la *copia* de su padre", o sea que es su vivo retrato).

Coroner › Cuando leímos la noticia de que el "coronel" examinó el cadáver porque sospechaba que no se trataba de una muerte por causas naturales, a nosotros lo que nos despertó sospechas fue que se tratara de un coronel, porque como se parecen tanto las palabras *coroner* en inglés y "coronel" en español, seguramente el redactor las confundió. Pero no hay que atribuirle un alto cargo militar a quien se encarga de verificar las causas de la muerte, es decir el *forense*.

Coser / Cocer › El tema de la composición o redacción escolar es "¿Cómo pasaste el fin de semana?". Una alumna escribe: "Pues, primero 'cocí' la camisa de mi hermana y luego 'cosí' un pollo para la cena". ¡Ay, ay, ay! ¿'Coser' un pollo sin ser costurera? Y, ¿cómo sabrá la camisa 'cosida'? No hay que confundir *cocer*, sinónimo de "cocinar", con *coser*, que es lo que hace una costurera, usando aguja e hilo. No se trata solo de escritura, sino también de conjugación diferente. Hay que decir *yo cuezo* y no *yo cozo*, pero es correcto decir yo *coso*.

Cuadra / Bloque

> Irvin le dice a Roger que tiene que caminar más de veinte "bloques" para llegar a la fábrica. Este lo corrige discretamente preguntándole "¿Veinte *cuadras*?". Irvin insiste "Veinte 'bloques'. Míralo en el diccionario, 'bloque' está bien". Se fijan los dos en el diccionario y leen que "bloque" se define como "manzana de casas", mientras que "cuadra" es "el espacio de una calle comprendido entre dos esquinas; lado de una manzana". Entonces Irvin admite que Roger tiene razón: lo que tiene que caminar son *cuadras* y no "bloques".

Cuestión de Seguridad

> Nos sobran trastornos y equívocos a la hora de traducir las voces *security y safety*, con mayor razón porque no establecemos una clara distinción entre los dos conceptos en español. Concretamente, si bien *security* es, efectivamente, *seguridad*, la voz *safety* corresponde más bien a *evitar accidentes*. Por ejemplo, en una planta industrial los que se encargan de la *security* son los guardias o vigilantes, mientras que los responsables de la *safety* son los expertos en prevenir accidentes.

Cuestionar / Preguntar

> Al salir de clase, Amancio le dice a su compañero Jesús: "No entiendo muy bien lo que hay que hacer para la tarea. Voy a ir a la oficina de la profesora Rodríguez para 'cuestionarla' sobre eso". Al parecer, Amancio no solo no entiende qué debe hacer de tarea sino tampoco el empleo de los términos adecuados para expresar lo que quiere decir. Jesús duda mucho que su compañero, siempre tan respetuoso y educado, quiera en realidad "cuestionar" a la profesora, es decir, poner en duda o poner en tela de juicio lo que haya dicho ella. Quizás Amancio esté cometiendo ese error por influencia del inglés, idioma en el que *to question* puede significar simplemente *preguntar*. Está claro que lo que Amancio desea hacer es, pues, *preguntar* y no *cuestionar* a la profesora Rodríguez sobre la tarea.

Curse

> El parecido entre algunas palabras en inglés y otras en español se presta a malentendidos, a veces hilarantes, como en el caso de un conocido muy supersticioso que se quejó en una reunión de amigos de que alguien le había echado "un curso". Los demás se quedaron confundidos sin saber de qué curso se trataba, si lo habían echado de alguna clase o si no le dejaban inscribirse en alguna escuela. Hasta que alguien cayó en la cuenta de que el supersticioso tradujo mentalmente *curse*, en inglés, por la palabra más parecida en español, "curso", cuando lo que quiso decir era *maldición, maleficio, brujería, hechizo.*

Day Care

> Susana sale de su casa con Gabriel, su hijito de tres años. En la calle se cruza con Lola, su vecina, quien le pregunta si lleva al niño a pasear al parque. "No, lo llevo al nuevo *day care*, el que está en la calle 130", le responde Susana. Entonces Lola le dice: "Ah, pues me alegro, porque me han dicho que esa *guardería* es de lo mejorcito". Susana se aleja contenta de haber aprendido una nueva palabra en español. Cuanto mejor sea su español, mejor será en el futuro el de su hijo Gabriel.

Deal

> Un hombre le ofrecía a un amigo, según sus propias palabras, un *deal* que no podía rechazar. Pero en realidad, *deal* es una palabra inglesa que tiene varios equivalentes en español: *trato, pacto, contrato, acuerdo, convenio.* Con un idioma tan rico en vocabulario, sería importante que hiciéramos un trato de por vida: ¡no tomar prestadas de otros idiomas voces innecesarias!

Decadent

Triple chocolate decadent cake, dice el anuncio que muestra un pastel desbordante de crema, chocolate y nueces. ¿Cómo lo traduciríamos? Veamos. Lo que el anuncio nos propone es que nos dejemos vencer por la tentación de disfrutar de un postre sabrosísimo aunque tenga más calorías que una fritanga. O sea, nos invita a la autocomplacencia, como queriendo decirnos: "Disfrute sin pensar en las calorías; haga una excepción". Entonces se podría traducir: "Un pastel sibarita, indulgente o pecaminoso", o, para darle más chispa, "pecaminosamente rico".

Deception

Griselda, llorando, llama a su amiga Paula para decirle que va a separarse de su marido porque está harta de sus "decepciones". Paula considera que su papel de amiga le obliga a seguir escuchando y pasar por alto ese uso inadecuado de la palabra *decepción* que Griselda sin duda ha empleado como se utilizaría *deception* en inglés, es decir, con el sentido de *engaño* o *embuste*. Aunque en español, en algunos casos, también puede tener este mismo significado, lo más común es que la palabra *decepción* se emplee para expresar el sentimiento de pesar que se siente por el hecho de sufrir un desengaño. Claro que hay una *decepción* aquí: la que se ha llevado Griselda por los embustes y engaños del marido.

Delinquent

Dejar de pagar sus tarjetas de crédito puede que sea un acto reprobable —sobre todo para sus acreedores— pero no lo convierte automáticamente en un delincuente. En inglés, *delinquent* describe también a aquella persona que no paga una deuda o incumple los términos de una obligación financiera. En este caso lo correcto sería: *deudor atrasado* o *abonado moroso*.

Depender de / Depender en

> Muchas veces, la gente bilingüe traduce erróneamente las preposiciones de una lengua a otra, aunque las preposiciones no tienen un sentido propio y por lo tanto no son traducibles literalmente. Por ejemplo, la gente dice "depender en" en vez de *depender de,* porque traduce el inglés *on* como *en. It depends on the situation* debe ser: *Depende de la situación,* y no "Depende en la situación".

Derogatory

> Oímos que una señora estaba indignada porque alguien había hecho "un comentario derogatorio" contra los hispanos. Compartimos su indignación porque nadie tiene por qué hablar mal de nadie, aunque, por otra parte, no compartimos su elección de vocabulario. La señora tradujo *derogatory* del inglés como si hubiera sido "derogatorio" en español. En nuestro idioma, *derogatorio* significa "que deroga", y *derogar* significa "abolir, anular una norma establecida, como una ley o una costumbre". La señora debió haberse referido a un comentario *despectivo* o *peyorativo.*

Desapercibido / Inadvertido

> "Pasar desapercibido" es una expresión que se usa muchísimo, pero si queremos usar una forma más correcta, deberíamos decir *pasar inadvertido* puesto que *desapercibido* quiere decir *desprevenido, desprovisto de lo necesario.* En vez de decir "En la fiesta del otro día pasé 'desapercibido'", diga "En la fiesta del otro día pasé *inadvertido".* Ojalá que nunca llegue usted a pasar *inadvertido* en ninguna fiesta.

Desperados

> En las películas de vaqueros solemos ver a malhechores que huyen de la justicia perseguidos por esos paladines del bien, como se suele representar a los alguaciles. Y más de una vez hemos oído en algún doblaje cinematográfico que alguien comenta "Allí van los 'desesperados'". No hay duda de que un malhechor en fuga puede estar desesperado, pero cuando en inglés los llaman *desperados*, no significa "desesperados" sino *malhechores, bandidos, forajidos.*

Destinación / Destino

> "¡Rumbo a las Indias!", ordena, con voz estentórea, el capitán del barco. Zarpa la nave en nuestra película y pensamos en "la verdadera 'destinación': América". Pues a lo que conocemos como América llegaron a parar, sí, pero, cuidado, porque es en ese continente donde hoy, por influencia del inglés, tendemos a decir "destinación" en lugar de *destino. Destinación* está incluido en el *DRAE*, pero la Academia Norteamericana de la Lengua Española aconseja que utilicemos el término *destino.*

Devolver

> Dos compañeros de clase están sentados en el aula esperando al profesor, cuando uno le dice al otro: "Jaime, ¿tienes algún bolígrafo que me puedas prestar?; el mío se me quedó en casa". Jaime le contesta: "Sí, tengo dos. Toma, pero 'dámelo para atrás' cuando se acabe la clase". Probablemente, el amigo de Jaime, como habla inglés, entiende lo que este le quiso decir, ya que "dámelo para atrás" es un calco del inglés *give it back to me*, pero lo que Jaime le debería haber dicho a su amigo es: "Toma, pero *devuélvemelo* cuando se termine la clase".

Disecar › En la carrera de medicina hay un curso de disección dentro de la asignatura de anatomía. El objetivo es *disecar* cadáveres, o sea dividir en partes distintos sectores del cuerpo para el examen de su estructura. La disección *en vivo* se lleva a cabo en operaciones quirúrgicas. *Disecar* también puede significar preparar animales muertos para que conserven una apariencia dinámica y vital. Una momia es a fin de cuentas un cadáver disecado, tal como puede ser una flor disecada entre las hojas de un libro. Recuerde que no se dice "disectar" sino *disecar*. Y no confunda *disecar* con *desecar*, que significa extraer la humedad de un cuerpo.

Disgrace › Contaban en una tertulia que Juanito se convirtió en una "desgracia" para la familia cuando dejó los estudios y cayó en la delincuencia. Pero Juanito no es una "desgracia" para la familia, sino más bien una *deshonra*. Cuando alguien habla de que ha habido una *desgracia* en su vida se está refiriendo a un *accidente*, a un *percance*, a un *desastre* que puede ser tragedia. Al abandonar Juanito los estudios para convertirse en delincuente *deshonró* a la familia. Y es que, aunque una *deshonra* pueda ser algo trágico, no hay nada vergonzoso en una *desgracia* o *tragedia*.

Disgusted › Durante una reunión de amigos, se escuchó decir a alguien que se había sentido "disgustado" al pisar en un parque los excrementos de un perro. En español, si usted está *disgustado*, es que está *molesto* o *indignado* por algo. Y es verdad que pisar los excrementos de un animal le puede molestar e indignar a uno, pero no es menos cierto que tal "encuentro" le va a hacer, más que nada, sentirse *asqueado*, que es lo que en inglés conocemos como *disgusted*.

Disparate › Se les llama falsos amigos a aquellos términos que traducimos erróneamente del inglés por otros similares en español que tienen acepción diferente, como "carpeta" en vez de *alfombra* porque en inglés es *carpet*. Esas traducciones equívocas más de una vez nos llevan al disparate. Precisamente lo es si pensamos que *disparate* en inglés es "disparate" en español, cuando en realidad esta palabra significa *distinto, diferente, dispar*.

Disputado › Encendemos la radio para enterarnos de quién ganó las elecciones presidenciales en un determinado país. Hasta pocos días antes, las encuestas de opinión indicaban que era difícil pronosticar un ganador porque los candidatos no se sacaban ventaja. Finalmente nos dicen el nombre del vencedor y el locutor comenta que se trató de una elección muy "contestada". ¡Otra vez la influencia del inglés! En inglés podemos hablar de *contested*, pero en español debe ser *reñida* o *disputada*.

Dormitory › Enrique le dijo a su amiga Claudia: "Me estoy quedando en el 'dormitorio' de la universidad". "¿Dormitorio? Me parece que estás pensando en inglés", le respondió Claudia. "*Dormitory* no se traduce como 'dormitorio' por más que se parezcan. ¿No querrás decir que te estás quedando en la *residencia estudiantil*?".

Downgrade › ¿Alguien podría explicar por qué se dice tanto, cuando hablamos español, la palabra *downgrade*, si tenemos las expresiones *degradar* o *bajar de categoría*? Todo es susceptible de degradarse: el precio de una casa, nuestra categoría laboral, un rango militar... ¡hasta la lengua española se va a *degradar* si no abandonamos el uso innecesario del término inglés *downgrade*!

Download › Patricia está muy contenta porque se enteró de que hay en Internet un sitio web hispano que ofrece su música favorita, y, entusiasmada, le dice a su amiga Vanessa. "¡Podemos sacar el último álbum de Shakira, pero no encuentro donde apretar para hacer el *download!*". "No me extraña", le responde Vanessa, "como es un sitio web hispano, seguramente dice *Bajar* o *Descargar*".

Downsizing › Imagine la siguiente situación: en su trabajo, sus compañeros están preocupados porque hay rumores de que el Consejo de Administración está tramando un *downsizing* para salvar a la compañía de la bancarrota, y nadie quiere perder su empleo, como se podrá comprender. Aunque usted entiende perfectamente eso de *downsizing*, sabe que no hay necesidad de recurrir a esa palabra inglesa que significa simplemente *reducción de tamaño*, y en el caso de una compañía, *reducción de la plantilla*. Aun en tiempos de crisis no hay necesidad de reducir los recursos de nuestra lengua sólo porque ciertas palabras como *downsizing* se ponen de moda en el ámbito empresarial, siempre tan influido por el inglés.

Educación / Buenos modales › La palabra

educación no siempre tiene en español el mismo significado que en inglés. Cuando decimos en español que una persona es muy *educada,* no queremos decir necesariamente que ha estudiado mucho, que tiene títulos universitarios o que es muy culta; simplemente lo que queremos decir es que tiene muy *buenos modales.* En cambio en inglés *to be educated* se refiere solamente a la cultura o al conocimiento adquirido de la persona. Tenga cuidado al hablar de las cualidades de alguna persona para que no haya confusión: no siempre una persona que tiene muchos títulos universitarios tiene *buenos modales.*

Efectivo / Eficiente / Eficaz › "Para su caso,

le vamos a asignar a la licenciada Marta Gómez, que es una de nuestras abogadas más 'efectivas'", le explica la secretaria del bufete adonde usted ha acudido a buscar ayuda legal. Usted no duda que la licenciada sea una profesional muy competente, aunque sí duda sobre el buen uso del adjetivo "efectiva" que se emplea para calificarla. *Efectivo* y *efectiva* (o *eficaz*) se usan normalmente para hablar de cosas que son capaces de producir o lograr el efecto que uno desea. Por ejemplo, se puede hablar de una *medicina efectiva,* de una *solución efectiva,* mas no de una "persona efectiva". En el caso de una persona, lo más normal es emplear la palabra *eficiente* para decir que esta es competente y realiza sus labores o funciones de una manera satisfactoria.

El imperativo ❯ En las universidades, los profesores
veteranos suelen visitar las clases de los nuevos con el fin de darles
consejos y sugerencias para mejorar su metodología. En una de
estas visitas, el profesor veterano se sorprendió cuando escuchó
que el profesor joven, en la clase de gramática, para referirse al
modo imperativo, hablaba —pensando en inglés— del modo de
los "comandos". El viejo profesor se alarmó pues pensó que en
cualquier momento aparecerían por el aula soldados armados
de metralletas, granadas, etc. Los estudiantes, anglosajones, no
parecían alarmados porque lo de *command* les sonaba a gramática
y no a ejército. Cuando terminó la clase, el profesor veterano tuvo
que explicarle al nuevo, con toda diplomacia (por si sacaba alguna
metralleta), que ese modo verbal, que es propio de los mandatos, en
español se llama *imperativo.*

En cartelera, en pantalla ❯ "Ahora exhibiéndose"
nos dicen los anuncios cinematográficos para comunicarnos
que la película o el film ya puede verse en las pantallas locales.
Es evidentemente una copia del inglés *Now showing.* Es una
verdadera exhibición de la ley del menor esfuerzo, consistente en
este caso en traducir las palabras y no el concepto. Es decir, fiel
a la letra del original, pero traicionero a su significado. Nuestra
expresión tradicional es "Ya en cartelera", "En pantalla", "En su sala
de cine más próxima".

En espera, esperando que no suceda ›

Siempre nos dicen que hay en el país no sé cuántos presidiarios "esperando que los ejecuten". Bueno, creemos que no. Lo más probable es que estén esperando escaparse, o que les concedan el indulto. No los vemos haciendo cola para ir a la horca y reclamándoles a los demás que no les hagan perder su turno. Al revés, los vemos interponiendo recursos para evitar su *pendiente ejecución*... o están *en espera de la ejecución*.

NO INTENTES COLARTE

Energía eólica › Eolo, el dios de los vientos, da nombre a

todo lo producido o impulsado por las corrientes de aire: erosión eólica, rotor eólico y energía eólica. Esta última es la que se produce mediante la fuerza del viento. Una forma de generar energía que se ha puesto de moda, a raíz de la preocupación por el medio ambiente, es la *energía eólica*, sostenible y ecológica. En conclusión, es mejor decir *energía eólica* que "energía del viento". Si don Quijote viviera hoy, no arremetería contra molinos de viento, sino contra molinos eólicos.

Enfermera
> "¿Por qué no vino a clase?", pregunta el profesor al alumno, y este contesta: "Me lastimé en casa, y fui a la sala de emergencia, y no había ni una 'norsa' que me atendiera". Es común entre algunos hispanos decir "norsa", por influencia del inglés *nurse*, pero el término en español es *enfermera*.

Escalator
> Al salir del tren subterráneo, un señor hispano le pregunta a un compatriota dónde estaba el "escalador". Parecería curioso que alguien se interesara en la presencia de algún montañista en el vientre de la ciudad, si no fuera porque lo que el caballero buscaba no era sino lo que en inglés se llama *escalator*, que en español debe traducirse como *escalera mecánica*.

Especies / Especias
> Para que la comida tenga mejor y más sabor, los cocineros usan, además de sal, diferentes ingredientes como pimienta, comino, orégano, etc. Estos ingredientes se llaman *especias*, no "especies". La palabra *especies* se

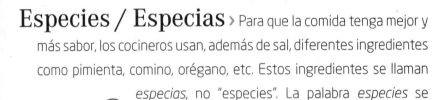

refiere a los diferentes conjuntos de cosas semejantes entre sí, como por ejemplo las diferentes clases de animales. Existen muchas *especies* de animales, como las aves y los mamíferos. En cambio, las *especias* se usan para sazonar los alimentos, así que no los sazone con "especies" sino con *especias*.

Estar en ascuas, en suspenso › Mercedes le

contaba a Yara una película que había visto recientemente, y llegó un momento en que, toda entusiasmada, le dijo: "Había una parte en la película que era tan interesante que yo 'estaba al borde de mi asiento'". "¿Y no te caíste?", le preguntó, con sorna, Yara. Mercedes se quedó cortada, y murmuró *You know what I mean..."* Entonces Yara le dijo: "Lo que tú estabas era *en ascuas, en suspenso"*. No olvide: traducir literalmente una expresión idiomática de una lengua a otra puede ponerle en muchos aprietos, y hasta puede que se caiga del asiento.

Estar o ser consciente de › *Ser consciente* en español

es por lo común un estado mental, mientras que *estar consciente* suele remitir a un estado físico. Fíjense en este comentario: "Tanta felicidad sintió Sebastián al conocer la noticia, que se desmayó. Pero no se preocupe porque ya *está consciente"*. "Sebastián *es perfectamente consciente* de su suerte, pero no lo guarda todo para él: ganó tres millones de dólares en la lotería y donará más de un tercio para obras caritativas".

Estoy saliendo › En inglés se puede decir: *I am leaving on vacation tomorrow,* pero en español no se debe decir "Mañana estoy saliendo de vacaciones", sino *Mañana salgo,* o *voy a salir* o *saldré de vacaciones.* La construcción española siempre hace referencia al momento en que ocurren los hechos, no a situaciones anticipadas, por eso se puede decir *Estoy saliendo ahora (y no mañana).*

Excited › En un artículo publicado en un periódico, de cuyo nombre no queremos acordarnos, se daba la noticia de que un aficionado se había "excitado" al ver en un partido de fútbol cómo su jugador favorito metía un gol de un impresionante cabezazo. En español, *estar excitado* significa estar sexualmente estimulado, pero no significa lo que en inglés entendemos como *excited,* es decir, *emocionado, entusiasmado.*

Expulsar a / Expulsar de › En las noticias locales informan que a un inmigrante lo "expulsarán a" su país natal por no haber respetado las leyes de los Estados Unidos. Aunque se entienda perfectamente lo que se quiso decir, no nos deja de parecer extraño el uso que se hace del verbo *expulsar. Expulsar* se construye siempre con la preposición *de* y no con la preposición *a.* Es decir, a alguien se le puede *expulsar de* algún lugar, mas no se le puede "expulsar a" ningún sitio. Lo más sencillo y acertado en este caso hubiera sido emplear el verbo *deportar* para expresar la misma idea de desterrar a alguien por mandato judicial o decisión gubernamental.

Extravagant

> "Julián anda siempre al filo de la bancarrota porque siempre ha sido muy 'extravagante' y no puede llevar un dólar en el bolsillo sin querer gastar dos", le comenta Rebeca a su amiga Aurora sobre un conocido mutuo. Es evidente que Rebeca no ha utilizado la palabra adecuada para describir al tal Julián. Seguramente Rebeca se dejó llevar por el significado que *extravagant* tiene en inglés, palabra que se usa para describir a alguien que gasta en exceso y sin medida. En español, *extravagante* en cambio se emplea para hablar de lo que es *raro, extraño o demasiado peculiar.* Hay muchas maneras en español para describir a alguien como Julián que gasta en exceso, como por ejemplo *derrochador, despilfarrador* o simplemente *manirroto.*

Faltar a clase

> ¿Quién no ha sentido alguna vez, durante los años escolares, el deseo de faltar a clase para ir a jugar? *Faltar a clase,* no "esquipear", es lo que en español hacemos cuando, por ese motivo u otros ajenos a nuestra voluntad, no podemos asistir a clase. *Se falta a clase,* no se "esquipea", ya que "eskipear" viene del inglés *to skip,* es decir, *pasar por alto, saltear, saltar,* y las clases no se saltan, que para eso contamos con las *faltas,* y por eso *se falta* a clase. Así que dejemos, a ser posible, el acto de saltar para otros momentos de menos responsabilidad.

Fatalities › Es muy común escuchar en la radio o la televisión y hasta leer en los periódicos la palabra "fatalidades" para indicar que hubo muertos en un accidente, porque mucha gente piensa, erróneamente, que la palabra "fatalidades" es la traducción correcta de la palabra inglesa *fatalities.* Pero en español, la palabra *fatalidades* no existe en ese sentido, en cambio, la palabra *fatalidad* significa *desgracia, mala suerte.* Aunque, desde luego, ser víctima mortal en un accidente sería una gran fatalidad, diga: *Hubo muchas víctimas mortales en el accidente* en vez de decir: "Hubo muchas 'fatalidades' en el accidente".

Felonía / Crimen o delito › En una revista neoyorquina

leemos que a un tal Felipe Morán lo acusan de cometer una "felonía" y que tendrá que cumplir una condena. Estaría bien que a todos los desleales, traidores y malvados los condenaran legalmente por sus malas acciones, pero, como no es así, hay que entender que lo que la revista quiere decir es que Felipe ha cometido algún *delito* penado por la justicia.

Fiebre › "El enfermo de la 255 —le dice una enfermera a otra— ha

sufrido un aumento en la *temperatura corporal".* Muy sospechosa esta circunlocución, que parece traducida de un libro de medicina escrito por un pedante profesor, cuando no un calco del inglés. Cuando la temperatura corpórea sube por encima de lo normal, ¿acaso no se dice que al ciudadano en cuestión le dio un poco de *fiebre*?

Figurar / Calcular › Un estudiante de geometría dice que va a "figurar" —por el inglés *figure out*— la distancia que hay entre dos puntos. Si desde tiempos inmemoriales tenemos a mano el vocablo *calcular*, ¿por qué no usar el verbo apropiado?

Figures › El bodeguero anotaba febrilmente en una libreta, mientras hacía cuentas de la mercadería comprada, las unidades vendidas, el pago del alquiler, el sueldo del dependiente, etc. De pronto se quejó: "¡Las 'figuras' no me cierran!". La esposa, distraída, le preguntó: "¿De qué figuras me hablas?", pensando que se trataba de imágenes. "¡Las cuentas, mujer!", le respondió aquel, que no había hecho sino confundir lo que se denominan *figures* en inglés con lo que se llaman *cifras* en español.

Fluent › "Los niños son 'fluyentes' en español y en inglés", dijo un padre en una reunión escolar. Posiblemente, podemos comprender la frase del padre pero la palabra *fluyente* o *fluido,* copia de la voz inglesa *fluent,* no es la apropiada aquí. La palabra en español es *dominio* o *dominar.* Se domina un idioma o se dominan dos idiomas. Si realmente queremos dominar la lengua española, debemos acertar en estas palabras clave, pues solo el agua *fluye* en el río.

Fraternity › Durante el primer semestre universitario, Mariano le dijo a su compañero Gustavo: "¿Por qué no formamos una nueva 'fraternidad' entre todos los amigos? ¿No quieres apuntarte?". "Bueno —le contestó Pedro—, yo pensaba que ya había *fraternidad* entre nosotros". Mariano le aclara: "Por supuesto que somos como hermanos, pero yo pensaba en una *organización estudiantil* para fiestear y pasarlo bien".

Freelance › Su amigo Rogelio, que es reportero, le confiesa mientras toman un café que ya está harto de trabajar para su periódico. A lo cual usted responde: "¿Y por qué no pruebas suerte en otro periódico donde quizás te paguen más y te traten mejor?". Rogelio a su vez le responde "No, no entiendes lo que te quiero decir. Ya estoy cansado de trabajar como empleado, de tener que rendirle cuentas a un jefe de lo que hago o no hago. Lo que quiero es ser periodista *freelance*". Aunque usted comprende a su amigo, le choca un poco esa costumbre que tiene de abusar de términos ingleses. En este caso, por ejemplo, ¿por qué usar *freelance* cuando podría haber dicho perfectamente en español *independiente* o *autónomo* para expresar la misma idea? Pero, bueno, se morderá la lengua y no se lo dirá a su amigo, que al final de cuentas es muy independiente y no le hará ni el más mínimo caso.

¿Frito o freído? ¿Impreso o imprimido? ¿Provisto o proveído?

› *Freír, imprimir* y *proveer* son verbos del idioma español que presentan dos formas: una regular y otra irregular, aun cuando las formas regulares —*freído, imprimido y proveído*— sean menos usadas. En los casos de adjetivación, la forma preferible debe ser el participio irregular: las papas *fritas*, el libro *impreso*, la resolución *provista*.

Full › Una pareja llega a un motel y en la recepción le dicen "Lo sentimos pero estamos *full*". Lo que debió haber dicho el recepcionista era que no había ninguna habitación disponible. También podría haber dicho que estaba *lleno* o *completo*, que corresponde al inglés *full* o a la expresión *no vacancy*. Así que la pareja siguió su rumbo en busca de un motel en el que tuviera más suerte.

Funcionar / Andar / Caminar

> En inglés, *to work*, aplicado a mecanismos y aparatos de todo tipo, se traduce como *funcionar* y no como "trabajar". Sin embargo, un anuncio bilingüe decía textualmente: *"WE BUY CARS IN ANY AREA. WE PAY $100 to $1000. COMPRAMOS CARROS PARA LA CHATARRA, 'CAMINEN O NO CAMINEN'"*. *Caminar* es sinónimo de *andar*, desplazarse dando pasos. Es cierto que en sentido figurado se puede usar *andar* por *funcionar* (como cuando se dice *este reloj no anda*), pero "caminar" no se usa en general en este sentido (excepto en algunas zonas de Hispanoamérica), de modo que es mejor recurrir, en la publicidad, al término *funcionar,* que todos los hispanohablantes entienden.

Gracious

> "En aquellos años, siempre que iba a tu casa, tus padres se mostraban 'graciosos' conmigo. Eran muy buenos; recuerdo que me ofrecían cuanto tenían y me trataban como a un rey", le cuenta a usted un viejo amigo al recordar sus años de juventud compartida. Usted conoce a su amigo y por lo mismo no se ofende cuando dice que sus padres, siempre tan reservados y formales ellos, eran "graciosos" con él, algo que sin duda le resulta inimaginable. Sabe asimismo que su amigo a veces se equivoca y utiliza ciertas palabras como si estuviera hablando en inglés. Y es que *gracious* en inglés significa precisamente *cortés* o *gentil,* que es sin duda lo que quiso decir su fiel amigo, al hablar de sus padres. Usted, que tiene la misma 'gracia' que sus padres, encontrará el momento adecuado para corregir a su amigo.

Grade › Algunos estudiantes dicen que quieren obtener un buen "grado". Pero lo que deberían tratar de hacer es obtener una *buena nota* o *una buena calificación,* porque la palabra "grado" tiene otros significados, pero en ningún caso el del inglés *grade,* en el sentido escolar del término.

Gratuitous › La palabra inglesa *gratuitous* equivale al adjetivo español *gratuito* con el significado de "injustificado, arbitrario, sin fundamento". *A gratuitous remark* se traduce como *una afirmación gratuita,* que no significa *gratuito* en el sentido de "gratis", o sea "sin pagar". Por eso, algunas personas se confunden y dicen que Fulanito de tal hizo un comentario "gratis", lo cual no tiene sentido, porque los comentarios no se pagan, incluso si salen de la boca de un genio.

Haber / A ver › Con la proliferación de la escritura informal en las redes sociales, advertimos una andanada de errores gramaticales como este. El verbo *haber,* usado solo, indica existencia, o, como auxiliar seguido de otro verbo en infinitivo, forma los tiempos compuestos de ese verbo. No es lo mismo *Mañana va a haber* (o sea, "va a tener lugar") *un espectáculo de flamenco* con *Mañana (mi amiga) va a ver* (o sea, "va a asistir" a) *un espectáculo de flamenco.* Por otra parte, la expresión coloquial *a ver* expresa la voluntad o promesa de realizar algo aún incierto, y puede sustituirse por "veamos": *A ver si te visito este año,* que no es lo mismo que *Debía haber visitado a mis primos un poco antes. Haber* y *a ver* son homófonos, pero no debemos escribir de oído.

Hacer cumplir la ley › Cuando oímos: *enforce the law*,

la traducción correcta sería *hacer cumplir la ley* en vez de "enforzar la ley". A raíz de una polémica ley inmigratoria, les hemos oído usar este vocablo a varios comunicadores de medios informativos. Esforcémonos en cumplir las leyes del idioma.

Halagüeña › "No te fies nada de tu cuñada —le dice Rosita

en voz baja a su amiga Juana— pues las cosas que anda diciendo de ti por ahí no son para nada 'halagüeñas'". A Juana no le sorprenderá en absoluto lo que le confía Rosita, pues ya sabe de sobra que su cuñada no la ve con buenos ojos; sin embargo, sí que le sorprenderá la pronunciación errada de su amiga, quien, a diferencia de su cuñada, suele hablar muy bien. Con mucho tacto, tendrá que decirle que *halagüeña* se pronuncia como *cigüeña*, no como *trigueña*.

Hibernar / Invernar › Estos

dos vocablos se confunden a veces, así que es importante conocer en qué se diferencian. El acto de *invernar* quiere decir pasar el invierno en algún lugar: "Me gusta *invernar* en Puerto Rico, donde tengo una casa", le dice una señora a su amiga. Algunos animales pasan el invierno en un lugar determinado, como por ejemplo los osos, que duermen en cuevas casi todo el invierno. El verbo que se usa en estos casos es *hibernar*. Así que no se confunda: las personas *invernan* y los animales *hibernan*.

I Feel That › Hay gente que dice: "'Siento que' esto no está bien", "'Siento que' ella no tiene razón", "'Siento que' hay que pensar más en este tema", copiando del inglés: *I feel (that) this is not right, I feel (that) she is wrong, I feel (that) we need to think more about this topic.* En estos casos, convendría decir *creo, pienso* o *me parece que*: "Creo que esto no está bien", "Pienso que ella no tiene razón", "Me parece que hay que pensar más en este tema". Otro significado del español *sentir* corresponde al inglés *to be/feel sorry about, to lament,* como cuando decimos *Lo siento,* con el significado de *I am sorry,* o *Siento mucho la muerte de tu padre,* que se traduce como *I am sorry about your father's death.*

Incumbent › Un titular de un periódico, calcando del inglés el término *incumbent,* decía que el "incumbente" tenía muchas posibilidades de ser reelegido. En español no hay "incumbentes" sino *funcionarios actuales* o *en ejercicio.* A todos nos incumbe respetar el español, porque así nos respetamos también a nosotros mismos, ya que la lengua es clave de nuestra identidad.

Infant › "El 'infante' tiene dos meses de vida", dice un médico en la sala de maternidad. Y una enfermera alude a otra pequeña diciendo que "la infante" está en período de lactancia". Los dos adaptaron la voz inglesa *infant,* que designa al recién nacido. Pero en español, "infante" significa un niño o una niña que aún no ha cumplido los siete años, por lo cual en los dos casos mencionados conviene usar *bebé.* Y recuerde que *bebé* se usa tanto para niño como para niña, lo mismo que *infante,* con esta acepción. Solo cuando *infante* significa "hijo del rey" o "título que el rey otorga a un pariente suyo" hay que usar, para designar a un persona de sexo femenino, *infanta.*

Injury › Joaquín buscaba un abogado en Internet para que lo representara en un accidente automovilístico, y se topó con este anuncio: ABOGADOS DE ACCIDENTES E "INJURIAS" PERSONALES. Pensó que había leído mal, pero luego en el sitio web del bufete se mezclaban indistintamente los dos términos: *lesiones* o *perjuicios* graves (correcto) e "injuria" personal (incorrecto). Como Joaquín es ciberadicto, siguió investigando y descubrió varios documentos de centros de investigaciones médicas que también hablaban de "injuria cerebral", "injuria irreversible" e "injuria espinal", cuando lo correcto hubiese sido *lesión, herida* o *daño*. En español la *injuria* es "un agravio que puede convertirse en delito".

Insensitive › A Mario se le murió la madre. Una semana después de la muerte, el hijo de Mario, Tomás, se puso a escuchar música en su radio. De pronto apareció Doña Enriqueta, su madre, y le gritó: "No seas 'insensitivo', tu abuela acaba de morir". Doña Enriqueta tomó innecesariamente del inglés el término *insensitive* y de él formó "insensitivo". Doña Enriqueta quería decir: "No seas *insensible*, tu abuela acaba de morir". *Insensible* es falto de sensibilidad. El *DRAE* considera *insensible* a alguien "que no siente las cosas que causan dolor y pena o mueven a lástima".

Insignia, distintivo › Estaban por empezar los Juegos Panamericanos y, a la entrada del estadio, un grupo de jóvenes ofrecía en venta o en canje *pins* de todo país, deporte o actividad imaginables. "¡Tengo *pins* del boxeo dominicano!", ofrecía uno, y otra pregonaba *pins* con las banderas de los participantes. *Pin* por acá, *pin*

››

>> por allá... Lucrecia se preguntó cómo se diría eso de *pin* en español. Entonces una deportista colombiana, que llegaba para participar en el desfile inaugural, le regaló uno muy vistoso con la bandera de su país y le dijo orgullosa: "¡Aquí tienes nuestra *insignia*!". "¡Gracias y buena suerte!", le deseó Lucrecia.

Installments > La radio nos sorprende cuando anuncia que podemos comprar un televisor moderno "en cómodas 'instalaciones' de 35 dólares mensuales". Y no nos sorprende porque nos parezca muy razonable la cantidad ni porque pensemos cambiar nuestro viejo aparato, sino porque esas "instalaciones" no pegan ni con cola. Seguramente el redactor del anuncio no se dio cuenta de que los *installments* en inglés no son "instalaciones" sino *plazos* o *cuotas*.

Instrumental > "La Srta. Mónica Cano fue 'instrumental' en la aplicación de las nuevas políticas departamentales", leemos en la traducción de un texto en inglés. Instrumental, ¿cómo? El sustantivo español *instrumental* se refiere a *utensilios, instrumentos,* como en "Las enfermeras limpian el instrumental médico"; y el adjetivo español *instrumental* se aplica a la música tocada con instrumentos musicales. "Ser *instrumental* en algo" es una mala traducción del inglés *to be instrumental to/in,* que en español se dice *desempeñar un papel importante en* o *contribuir decisivamente a algo.*

Interested in / Interesado en, interesado por

> No es lo mismo estar *interesado en* que estar *interesado por*. Al usarse la preposición *en*, se está expresando interés en algo que implica participación directa del hablante en una actividad. Tal es el caso de estar interesado *en* un negocio o estar interesado *en* hablar con alguien. La preposición *por*, en cambio, equivale a inclinación, afinidad o preocupación por algo. Y es la forma que debe usarse cuando se quiere decir que alguien "está interesado *por* una chica", "*por* su trabajo", "*por* su futuro" o "*por* la música".

Irrelevant

> Después de una charla, Tania le dijo a Sergio: "Lo que dijiste era 'irrelevante' al tema". Pero Tania no le quería decir a Sergio que lo que él había dicho no tenía importancia, sino que no se relacionaba con el tema o que no venía al caso. En inglés, *irrelevant* indica que no tiene relación con el tema o que no viene al caso. El *DRAE* especifica que *irrelevante* es lo "que carece de relevancia o importancia".

Jet Lag

> Si usted ha viajado por distintas zonas horarias, seguramente experimentó el cambio de horario. Si viajó lejos, por ejemplo entre Miami y Madrid, habrá sentido esa diferencia de seis horas. Cuando llegó a su destino, si eran las seis de la mañana en la capital española, su organismo protestaba porque todavía sentía que era la medianoche, con mucho tiempo por delante para dormir. Solemos llamarle *jet lag* a ese fenómeno, copiándonos del inglés. ¿Cómo se dice en español? Pues se dice *desfase horario*, que el diccionario describe como "el que se produce por la diferencia horaria entre lugares".

Journalist > El parecido entre algunas palabras en inglés y otras en español es una fuente constante de equívocos, ya que en muchos casos estas palabras no son lo que parecen. Esto nos trae a la memoria el caso de un estudiante que se presentó a un periódico hispano y pidió trabajo diciendo que era "jornalista". En su manejo todavía rudimentario del español supuso que *journalist* podía traducirse como "jornalista" con la misma facilidad que uno pasa del *dentist* al *dentista*. Pero se equivocó, porque lo que quiso decir fue que era *periodista*. Huelga decir que no le dieron trabajo en el periódico.

Late > La palabra inglesa *late* tiene muchas traducciones en español (aparte de la de *difunto*, como en *my late father*). Por ejemplo, *it's late* se traduce como *es tarde*, pero *I am late* no se debe traducir "estoy tarde", sino *estoy atrasado*, mientras que para decir que *the train was 10 minutes late* lo mejor es decir *el tren llegó con diez minutos de retraso*. Por otra parte, para decir *late in the fifties* hay que usar *a finales de la década de los cincuenta* ¡y no "tarde en los cincuentas"! Y *the latest in fashion* no es "lo más atrasado en la moda", sino todo lo contrario, lo más reciente, o sea *el último grito de la moda*. Por fin, la fórmula de despedida *see you later* no se debe traducir al pie de la letra como "te veo más tarde", ya que el español cuenta con el equivalente castizo de *hasta luego*. En otras palabras, *sooner or later* —o sea, *tarde o temprano*— hay que aprender a traducir correctamente estas expresiones inglesas.

Laundry, Dry Cleaner › Matilde, que trabaja en la

ciudad limpiando apartamentos, le pregunta a su amiga Olga, que acaba de llegar de Suramérica, si la quiere reemplazar por unos días porque tiene que ir a ver a su hijo que vive en otro estado. Olga acepta encantada de la vida pues necesita ganarse unos pesos. Cuando llega al apartamento donde tiene que trabajar, la empleadora le dice: "No sé si ya Matilde le dijo lo que tiene usted que hacer aquí, porque además de limpiar el apartamento, las ventanas y de hacer las camas, debe ir al *laundry* y al *dry cleaner*, a recoger la ropa". Diciendo esto, se va a otra habitación y reaparece con unos cuantos dólares que le entrega a Olga mientras le dice: "Tome, este es el dinero para el *laundry* y este es para el *dry cleaner*". Olga se queda desconcertada pero no se atreve a decirle a la señora que no la entiende, así que cuando sale a la calle, telefonea a su amiga Matilde y le pregunta qué es eso de *laundry* y *dry cleaner*. Matilde se lo explica. Después de un rato, muy aliviada, Olga regresa al apartamento y le dice a la señora haciendo mucho énfasis en las palabras: "Tome, esta es la ropa de la *lavandería* y esta es la de la *tintorería*".

Life in Prison › Leyendo el periódico, de pronto se topa usted

con un titular que le causa cierta desazón: "Condenan al asesino 'a vida en prisión' por homicidio doble". Enseguida se da cuenta de que hay algo que no cuadra en ese titular. Y es que el tipo de condena que en inglés se llama *life in prison* no se llama "vida en prisión" en español. En nuestro idioma lo más normal y corriente es decir que condenaron al asesino *a cadena perpetua* por el crimen de homicidio doble. Está claro que todos cometemos errores al hablar y al escribir y que el redactor del titular no merece la *cadena perpetua* ni mucho menos, aunque quizás sí una respetuosa misiva de su parte advirtiéndole del error.

Low Profile ›

Hay un político un poco excedido de peso que se caracteriza (cosa rara en un político) por su discreción. Sus admiradores no dejaban de repetir que una de sus virtudes era la de presentar un "perfil bajo" entre el público. "¿Perfil bajo? —decían sus oponentes—¿con esa barriga?" Entonces los partidarios del político de marras buscaron cómo decirlo apropiadamente en español en vez de calcarlo del inglés (*low profile*) y llegaron a la conclusión de que lo mejor era elogiar su *presencia discreta*.

Mall ›

La vecina nos dice que se fue de compras al *mall*, ¿Pero no tendrá otra manera de decirlo en español sin apelar a términos del inglés? Pues en nuestro idioma tenemos el *centro comercial*, complejo o edificio en el que se concentra un gran número de comercios. Por lo tanto la existencia de equivalentes españoles hace innecesario el uso de la palabra inglesa *mall*.

Mandatory

> Puntual como siempre, David acude una mañana a una reunión de personal donde su jefe anuncia: "Desde hoy, será 'mandatorio' que todo empleado sonría al cliente". "¿Mandatorio? —se pregunta David—: bien me puede mandar mi jefe que sonría al cliente, lo que no me cuesta nada; ¡pero lo que debería ser *obligatorio* es expresarse correctamente!". David ha puesto el dedo en la llaga: "mandatorio" es un calco erróneo del inglés *mandatory*, y lo que el jefe debió decir es *obligatorio*.

Mantel / Repisa

> "'El mantel' de la chimenea estaba lleno de fotos de familia", escribió un estudiante en un trabajo de clase. ¡Qué raro!, ¿será que esa gente no tiene una mesa para comer, y lo hace de pie, en la chimenea? ¿Y además, coloca platos y fotos en el mismo lugar? Pero las cosas se aclararon pronto: el estudiante se refería a *la repisa* de la chimenea, que en inglés suena exactamente como lo que en español es *tablecloth*, o sea *mantel*.

Mapear o cartografiar

> Cuando Juan de la Cosa navegó hacia tierras ignotas del sur de las Antillas, en el siglo XVI, dicen que llevaba como misión *cartografiar* costas desconocidas. *Cartografiar* significa levantar la carta geográfica o mapa de una superficie terrestre. En medicina también se levantan esquemas topográficos

»

>> o mapas de superficies corporales, en especial del cerebro. Algunos autores usan el término *mapear* para describir esta acción porque se acerca más al inglés *to map*. Aunque ambos vocablos son correctos en español, recomendamos el uso de *cartografiar*. Y recuerden que de ninguna manera *mapear* significa "fregar el piso".

Más y más / Cada vez más - Menos y menos / Cada vez menos

> Se está haciendo "más y más" frecuente escuchar este anglicismo sintáctico en boca de los hispanounidenses: "'es más y más' complicado obtener un préstamo", "'es más y más' fácil que alguien robe tu identidad en la red", etc. En realidad, para traducir el inglés *more and more*, hay que decir en español *cada vez más*. O sea que lo correcto sería decir: *es cada vez más complicado, es cada vez más fácil*, etc. Igual sucede con el antónimo de *more*, que es *less: It is less and less frequent to hear this word*, que debería traducirse como *es cada vez menos frecuente oír esta palabra*, y no "es menos y menos frecuente".

Masacrar / Asesinar, matar

> A veces caemos en la exageración cuando no les tomamos bien la medida a las palabras que utilizamos. Tal es el caso, por ejemplo, del verbo *masacrar*, que con frecuencia se utiliza con muy poco tino. Así por ejemplo, no es raro oír o leer que una banda de criminales "masacró" a un hombre al salir de su casa. El verbo *masacrar* expresa el acto de llevar a cabo una "matanza o un asesinato colectivo", es decir, es el acto de asesinar en masa, de matar multitudinariamente. En el caso anterior hubiera sido mucho más acertado emplear *asesinar* o *matar* para expresar lo que la banda perpetró en contra de una sola víctima.

Matricularse / Registrarse ›

Un grupo de estudiantes universitarios está en un café y alguien pregunta: "¿Cuándo nos podemos 'registrar' para las clases del próximo semestre?". Aunque *registrarse* ya está en el Diccionario, recordemos que *matricularse* es el término tradicional y el más específico.

Mayor ›

Acabamos de escuchar el anuncio: "El 'mayor' se va a dirigir al público esta tarde, a las siete en punto, en el canal 222". Pero no es el más anciano (el mayor) de la ciudad quien hablará sino el alcalde. Aunque se escriban igual, *mayor*, en español, significa "persona de más edad", y en inglés, *mayor* significa "alcalde o alcaldesa".

SILENCIO. VA A HABLAR EL MAYOR.

Mintiendo (gerundio) / Mentir (infinitivo) ›

Lying is bad no se traduce como "Mintiendo es malo" sino como *Mentir es malo*. Cuando es sujeto de una oración (como en el ejemplo anterior) o cuando va acompañado de una preposición, el gerundio del inglés se traduce al español con el modo infinitivo. Por ejemplo, *He was fired for lying to his boss* no es "Lo despidieron por mintiendo a su jefe" sino *Lo despidieron por mentir a su jefe*. Solo cuando es parte de una construcción progresiva o cuando es un complemento del verbo principal se usa el gerundio en ambos idiomas: *He was lying/ Estaba mintiendo*, o *He spent his whole life lying to his family/ Se pasó toda la vida mintiendo a su familia*.

Miserable

> "¡Ese perrito abandonado se va a sentir 'miserable'!", se lamentó una señora llena de compasión por la suerte de la mascota de su vecino que se iba de vacaciones. La verdad es que quien debería sentirse mal es el miserable de su amo, que lo dejaba atrás. En inglés, *miserable* sugiere, más que nada, estados de ánimo negativos, como *desdichado, triste, deprimido, deprimente*, mientras que en español *miserable* se asocia en primer lugar con pobreza extrema, sordidez, tacañería y conducta infame, canallesca —como en el caso del amo del perrito abandonado—. Por eso, en español, *to make one's life miserable* no significa "reducirle a uno a la pobreza", sino simplemente *amargarle la vida*.

Money Order

> Cuando una persona o empresa solicita el envío de una cantidad de dinero especificando la dirección y la identidad de la persona o empresa a la que se le paga, estamos ante lo que se conoce en español como un *giro postal*, no un *money order*. Así que la próxima vez que tenga que enviar dinero por medio del servicio de correos o de alguna empresa especializada a cualquier parte del mundo, diga que necesita enviar un *giro postal*, y confíe en que su dinero y sus cuentas estén, eso sí, en perfecto orden.

Moverse / Mudarse

> Alicia llama por teléfono a su amiga Leonor, y esta le dice: "Perdona, chica, pero ahora no podemos hablar, estoy ocupadísima recogiéndolo todo porque, como sabes, mañana me voy a 'mover' para otro apartamento". Lo que debería haber dicho Leonor es "mañana me voy a *mudar* para otro apartamento". La palabra *moverse* significa "hacer movimientos, no estar quieto" (como en *¡Quieto! ¡No te muevas!*), y *mover* es menear o agitar o desplazar una cosa de un lugar a otro (como en: *mover el sofá*, o *mover la cabeza*). Si utilizamos "mover(se)" con el sentido de

»

>> "mudarse a otra vivienda", estamos utilizando un calco del inglés. *He moved to Miami* debe traducirse como *Se mudó a Miami,* no "Se movió a Miami."

Muestrario

> "No sé qué color escoger para pintar mi casa. Me confunde ver tantos tonos de azul en el 'mostrario' de la ferretería", nos dice un amigo. Está claro que no sólo le confunden las variedades de azul sino también las variantes de las palabras en español. Y no es el único: es común utilizar "mostrario" en vez de *muestrario,* que es la palabra correcta, y que significa simplemente "colección de muestras de mercaderías".

19th Street

> Cuando a Samuel le preguntaron dónde vivía, respondió: "Mi apartamento está en la '19 calle'", en vez de *Mi apartamento está en la calle 19.* Estamos ante otro calco del inglés: *My apartment is on 19th Street.* En este caso, aunque Samuel dice algo en español con el orden de las palabras en inglés, se hace entender, pero atenta contra la naturaleza misma de la lengua española. Así que recuerde: *calle 19* y no "19 calle".

No confunda a los médicos con los físicos

> Un locutor llega a un congreso de científicos y anuncia para la televisión: "¡En unos momentos comenzará la reunión de 'médicos' y químicos!". Sin embargo, no hay un solo médico presente en el salón engalanado con ilustraciones de fórmulas matemáticas, planetas y tubos de ensayo. Lo que ocurre es que el locutor ha confundido *physicists,* que significa *físicos,* con *physicians,* que significa *médicos.* Y debe rectificarse: se trata de una reunión de *físicos y químicos,* lo que tiene más sentido.

No siempre se dice diputado

> Las traducciones al español de dos noticias en inglés nos hablan de diputados. La primera nos dice que los *diputados* de la Cámara Baja de Argentina aprobaron un proyecto de ley. La segunda nos informa que los "diputados" de un alguacil en Arizona perseguían a un delincuente. No nos queda duda de que la primera traducción es correcta y que la segunda es un despropósito, ya que los legisladores no desempeñan acciones policiales. Lo que ocurre es que *deputy*, en inglés, además de "diputado", significa *delegado, comisionado*. En el caso de Arizona, se les llamarían *agentes comisionados* por el jefe policial.

Oficial / Funcionario

> Gonzalo fue a solicitar su primer pasaporte, y al entrar a la oficina correspondiente le dijeron que tenía que presentarse ante el "oficial" de turno con su identificación y dos fotos tamaño carné. "¿Oficial? —se preguntó el joven. —¿Acaso me vieron cara de militar?". Pero al llegar al lugar señalado se encontró con una oficina administrativa y se dio cuenta de que por influencia del inglés le habían dicho "oficial" para designar a lo que en español se conoce por *funcionario*.

Ojo o cuidado

> Una de las expresiones más concisas y descriptivas en español es: *¡Ojo!* La usamos cuando queremos advertir de algo o para tomar precauciones ante un evento futuro. Sin embargo, muchos hispanohablantes en los EE.UU., por influencia del inglés *watch!*, usan la palabra "wacha" en lugar de *¡ojo!* o *¡cuidado!* que son las expresiones tradicionales.

On Sale por rebaja

> Massiel va al centro comercial y ve que en su tienda hispana favorita han colgado el tentador cartelito ZAPATOS *ON SALE* a precios irrisorios. Y como se muere de ganas por decírselo a sus amigas, se pregunta: "¿Estará bien decir zapatos *on sale*?." No, Massiel, aunque sepamos lo que significa *on sale*, para decirlo en español, cuando hables con tus amigas diles que los zapatos están *rebajados*.

Overtime

> El gerente de una empresa pregunta al personal: "¿Alguien está dispuesto a trabajar *overtime* esta noche?". Esteban, que acaba de llegar de Suramérica, le pregunta en voz baja a un compañero que es eso de "overtime", y este le responde que son *horas extras*. "¿Pero me van a pagar más?", vuelve a preguntarle Esteban, y el compañero le responde: "¡Claro que sí, un cincuenta por ciento más que en el horario regular!". Y Esteban, lleno de júbilo, exclama: "¡Cuente conmigo, jefe!".

Patología

> "El cáncer es una 'patología' terrible", le dice un compañero tras haber visto un documental sobre el tema. Usted estará en completo acuerdo con su compañero desde luego, aunque tenga algún reparo en cuanto a su empleo de "patología", palabra que con frecuencia y de manera errónea se usa como sinónimo de *enfermedad*. *Patología*, como nos dice el Diccionario, tiene dos significados específicos: es la "parte de la medicina que estudia las enfermedades", o bien el "conjunto de síntomas de una enfermedad". Es decir, aunque "patología" sea una palabra muy ligada al concepto de enfermedad, no es sinónimo de *enfermedad* o *afección*.

Pensar en / Pensar de

› *Think of* se puede expresar en español de dos maneras diferentes: *pensar en* (cuando *of* es sinónimo de *about*) o *pensar de* (cuando se trata de expresar una opinión). Así que *You have to think of the future,* se traduce como *Debes pensar en el futuro*; pero *What do you think of the new boss?*, se traduce ¿*Qué piensas del nuevo jefe?* El error común es generalizar *de* y decir: "Tienes que pensar 'del' futuro", o "Anoche pensé 'de' ti", en vez de *Tienes que pensar en el futuro*, o *Anoche pensé en ti.*

Pero / Sino

› El inglés *but* no siempre se traduce como "pero". Muchas veces oímos ejemplos como "No es cobarde, 'pero' prudente", cuando lo correcto es decir: *No es cobarde sino prudente*. Hay oraciones en las que *but* tiene otro uso como en: *Everybody but Lucy went to the field trip*, que habría que traducir: *Todos, menos Lucy, fueron a la excursión*. Sin embargo, hay también casos en que *but* significa "pero": *They were on time* but *forgot the tickets,* que se traduce: *Fueron puntuales pero olvidaron los boletos.*

Política exterior

› Manuel leyó en el periódico: "Aprobamos la 'política extranjera' del presidente". Manuel, muy cuidadoso del idioma, le escribió una carta al editor, donde le decía: "Normalmente aprecio el esmero de su periódico en el uso del español, pero en este caso lamento decirle que se equivocaron porque no se dice 'política extranjera' sino *política exterior*".

Populación / Población

> Mucha gente usa el término "populación" en vez de *población*, por la influencia del inglés *population*. Por ejemplo, un locutor anunció que "la mitad de la 'populación' del país contrajo un virus". Debería haber dicho "la mitad de la *población*", ya que el significado de la palabra *población* en este caso es el de "conjunto de habitantes de una región geográfica dada". En cambio, *populación* significa "acción y efecto de poblar", donde "poblar" significa, según el Diccionario, "ocupar con gente un sitio para que habite o trabaje en él".

Power Tools

> En inglés se habla de *power tools* y, claro, hay quienes lo vierten al español tal cual: "herramientas de poder". Si lo pensamos un momento, concluiremos que no tienen nada que ver con el poder, puesto que lo que tienen son motores, ya sea eléctricos o de otro tipo. Por consiguiente, dejemos lo de "poder" para otros contextos en que sí cabe y usemos *herramientas eléctricas*.

Pretender / Fingir

> Rogelio le cuenta a su amigo Santiago cómo le fue en la fiesta de la noche anterior: "Pues no te lo podrás creer, pero, durante la fiesta, Yulissa 'pretendió' no verme". Santiago, que se precia de hablar un español correcto, le contesta: "Pues sería porque no te quiere como pretendiente, por eso *fingió* no verte". Rogelio se quedó un tanto confuso, pero ya después recordó la conversación con Santiago y se dio cuenta de que había dicho "pretendió" y no *fingió* porque el inglés (*pretended*) le había hecho una mala jugada.

Principal > "'El principal' quiere hablar conmigo acerca de la situación escolar de mi hija", le dijo una amiga a otra. Aunque en ambas lenguas (inglés y español) *principal*, como adjetivo, significa "esencial, fundamental, importante", el sustantivo inglés *principal* no se traduce al español de la misma manera. Dicho de otro modo, *the principal of the school* no es "el principal", sino *el director de la escuela*.

Printer, To Print > Con frecuencia algunos estudiantes se excusan de no presentar la tarea a tiempo porque las "printadoras / printiadoras" no sirven y no pueden "printiar". "Ya venimos porque vamos a 'printiar' la tarea y se la traemos", dicen ellos. En vez de enojarse, el profesor les pide que usen las *impresoras* de la sala de computadoras para *imprimir* sus tareas.

Queja > En un comercial de televisión en español, el presentador decía: "Si tiene un 'complein' por maltrato laboral, no se preocupe: nuestros abogados están aquí para ayudarle". Hablando de 'compleins', un telespectador se quejó a la estación de televisión por haber usado el calco del inglés *complaint* en vez de *queja*, y no necesitó ningún abogado. La publicidad puede hacer mucho daño al idioma por su carácter repetitivo. Quejémonos cuando las empresas atentan, por descuido o por desidia, contra la corrección de nuestra lengua.

Recipient > En inglés, la palabra *recipient* solo se refiere a personas. Por ejemplo, *the recipient of a letter* es, en español, el *destinatario* de la carta; *the recipient of an organ* es el *receptor* de un órgano; *the recipient of a prize* es el *ganador* del premio; y

»

>> *the recipient of much criticism* es el *objeto de mucha crítica*. Por otra parte, el término español *recipiente* corresponde en inglés a *container, receptacle* o *vessel*, o sea a un tipo de envase.

Recreativo >

Los sobrinos de doña Valentina gritaban de contentos al llegar al nuevo parque de diversiones. En la entrada, para disgusto de la tía, había un cartel que decía: "BIENVENIDOS AL PARQUE RECREACIONAL INDIANA JONES". "¡¿Recreacional?!", exclamó doña Valentina extrañada; y, dirigiéndose a sus sobrinos, les dijo: "Chicos, no se dice 'recreacional', se dice *recreativo*". Los chicos, que estaban loquitos por que la tía les diera dinero para montarse en todos los tiovivos habidos y por haber, contestaron casi al unísono: "Tía Valentina, tú lo sabes todo". Entonces doña Valentina, con voz solemne, dijo: "Más sabe el diablo por viejo que por diablo".

Rector y presidente >

En un periódico se anunció recientemente el nombramiento del "presidente" de una universidad. Aunque en inglés la palabra *president* se aplica a la persona que dirige una universidad o centro de educación superior, en español también tenemos el término *rector* para el mismo cargo.

Remake >

"La película *Muerte en Venecia*, del director italiano Luchino Visconti, es un *remake* de la novela del mismo nombre escrita por el alemán Thomas Mann", leemos en una historia del cine. La información es exacta, pero en vez de *remake*, que es una palabra inglesa, el autor del estudio debería haber utilizado el término español *adaptación*. En efecto, *Muerte en Venecia* es una *adaptación* de la novela de Mann. Otras veces, *remake* significa "una nueva versión", por ejemplo una nueva versión cinematográfica de una película famosa.

Rendition > Cuando se trata de *rendirse*, es decir, de *renunciar*
a favor de otro, especialmente del enemigo, estamos ante una *rendición,* lo que en inglés se conoce como *surrender*, no *rendition.* *Rendition* puede ser una interpretación o versión de una pieza musical o de un papel dramático, una traducción interpretativa o, en un plano legal, la entrega de prisioneros de una jurisdicción a otra.

Resort > "Oye, Alex, ¿dónde nos iremos de vacaciones este año?", le
pregunta Irene a su marido. "Tú querías ir a las playas de Punta Cana, ¿no es así? —le contesta Alejandro—. "Pues mira por dónde acaban de inaugurar allí un 'resorte' de primera". "¿Un resorte?", le pregunta Irene con una sonrisa. "¡Sí, mujer, así lo dice el folleto: un *resort*!". "Ah", replica la mujer, "Ah —replica la mujer— seguramente habrán querido decir un *complejo hotelero* o *turístico*... ¡Vámonos a Punta Cana!".

Rincón y esquina > ¿Tiene
usted razón si dice que *un rincón es por dentro* y *una esquina es por fuera*? Sí, está en lo cierto. La confusión tal vez se deba a que en inglés solo hay una palabra, *corner,* para ambos, pero en español *rincón* y *esquina* son cosas diferentes.

AL RINCÓN, NO A LA ESQUINA.

Saltarse un turno / Faltar > "Esquipear" (del inglés *to*
skip) un turno, "esquipear una clase", son construcciones desatinadas. Vivimos en la frontera de dos lenguas y hay filtraciones tolerables que, siguiéndoles la lógica, hasta llegamos a entender. Pero de lo que se

>>

>> trata en este libro es de encontrar la palabra adecuada para no echar mano a calcos del inglés. Sobre todo porque en este caso estamos frente a palabras muy simples: *Saltarse un turno, faltar a una clase.*

Satisfecho > Un matrimonio está cenando en su restaurante

favorito y, al llegar a los postres de una abundante cena, el marido le dice a su mujer: "Estoy *full*. No puedo comer más". "Mi amor, tienes que poder, que es nuestro aniversario; pero no mezcles los dos idiomas: no digas 'estoy full', sino *estoy lleno o satisfecho*. Y, por cierto, mientras no haya terminado la noche, no digas que estás satisfecho...".

Según > No, amigos, no es un error. No tenemos por qué copiar al

inglés cuando dice *according to*, pues nuestro *según* es mucho más breve y evita confusiones. Si decimos que "De acuerdo con Pedro, Juan asaltó el banco", parecería que Pedro y Juan se pusieron de acuerdo para el asalto. En cambio, *según* le atribuye la información a Pedro, sin ninguna confusión. Recordemos, por ejemplo, que los Evangelios son "*según* San Pedro, San Pablo", etc., y no "de acuerdo con".

Seguro > "SE OFRECEN 'ASEGURANZAS' DE AUTO, VIDA Y

SALUD" afirmaba un anuncio a la entrada de un edificio. Se trataba de una *agencia de seguros*, no de "aseguranzas". Si bien es cierto que su auto, por ejemplo, debe estar asegurado, lo que necesita, sin embargo, es un *seguro*, no una "aseguranza". De lo que hay que asegurarse, eso sí, es de que los agentes de las compañías de seguros estén capacitados profesionalmente para recomendar las soluciones apropiadas a sus clientes.

Selección / Surtido

> *Surtido* es la palabra que se refiere a la variedad de artículos que se ofrecen en una tienda. Usted, como comprador, hace la selección, o sea, usted elige lo que necesita dentro del *surtido* que la tienda ofrece. "Me gusta mucho esta tienda porque tiene muy buen *surtido*", sería la forma correcta, y no: "Me gusta mucho esta tienda porque tiene muy buena 'selección'". La palabra "selección", usada de esta forma, es un calco de la voz inglesa *selection*. Trate de no confundir estos dos términos.

Self-Service

> Un grupo de estudiantes mexicanos llega de visita a una escuela de Nueva York. A la hora del almuerzo, los alumnos de la escuela notan que en la puerta de la cafetería han colgado un nuevo letrero que dice: "AUTOSERVICIO", y algunos se preguntan si les van a enseñar automóviles. La maestra de español, al ver a sus estudiantes confundidos, les explica que en español *self-service* se dice así. "Además —puntualiza la maestra—, es importante que nuestros invitados mexicanos se sientan como en casa".

Seniority

> Un compañero de trabajo se queja de que la empresa no respeta su "señoridad" pese a que es el empleado con más años en la oficina. Y por eso reclama un tratamiento más acorde con su condición. No le negamos razón, pero lo que sí podemos reclamarle es que no disfrace de español el término inglés *seniority* inventando "señoridad" —una palabra que no está en el Diccionario—, porque lo que quiere decir es *antigüedad*.

Sign > Antonio se encuentra con sus compañeros de clase en la cafetería y les dice: "Hay un 'sign' en la puerta del salón que dice que no hay clase". Pero Jorge, otro estudiante, le pregunta: "¿No querrás decir que has visto un *letrero*?". Jorge podría haberle dicho que en vez de *sign* también podía usar *cartel* o *anuncio*.

Similarity > Ana María se levantó temprano, hojeó una revista y leyó: "Las obras de Picasso, Miró y Dalí tienen muchas 'similaridades'; en sus vidas también hay muchas 'similaridades'". La palabra "similaridad" se toma prestada innecesariamente del inglés *similarity*. Sin embargo, la revista se refería a *rasgo común, parecido, semejanza* o *similitud*. En la revista se debió escribir: "Las obras de Picasso, Miró y Dalí tienen *muchos rasgos comunes*; en sus vidas también hay muchas *semejanzas*".

Smartphones > A Christian siempre lo elogian por inteligente —después de todo, tiene un coeficiente intelectual de 140—, pero se ufana de que su flamante teléfono es más inteligente que él. "¡No hay mejor invento que estos 'teléfonos inteligentes'! Hacen de todo: tienen tantas aplicaciones que te pasas todo el día comunicándote y divirtiéndote", dice Christian. Silvia quizá no tenga la misma sagacidad que Christian, pero le aclara: "El teléfono en sí no es inteligente, pero si sirve para hacer tantas cosas, ¿no sería mejor llamarlo *teléfono multiusos*?".

Sonarse la nariz › María Eugenia, con un pañuelo desechable en la mano, le dice a Horacio, su marido, que está acatarrado: "¡Toma, Horacio, 'sóplate la nariz', por favor!". "Pero, María Eugenia, eso es imposible —le responde él, asombrado— para poder 'soplarme la nariz', tendría que tenerla muy larga". Horacio tiene razón; el acto de soplar se hace exhalando aire por la boca, no por la nariz. Lo más recomendable para que todo el mundo entienda es decir *sonarse la nariz*.

Staff › "¡Chicas, hay una reunión de todo el *staff*!", anuncia Laura. Y todas las vendedoras se van acercando a la jefa para recibir instrucciones. "¿Ya están todas?", pregunta Laura. Al comprobar que no falta nadie, Laura le dice a la jefa: "Ya está todo el *staff* reunido". La jefa piensa por un instante y, como siempre se ha preocupado por no mezclar el inglés con el español, les dice: "En efecto, muchachas: ¡bienvenidas a la reunión de todo el *personal*!".

State of the art › En un medio de comunicación hemos escuchado la siguiente afirmación: "Las computadoras que utiliza el equipo de investigación astronómica son 'el estado del arte'". Sin duda le parecerá extraño ese uso de la frase "estado del arte". Aquí estamos ante un claro calco de la frase *state of the art* en inglés, que expresa precisamente algo que es representativo de los últimos avances en tecnología. En español, sin embargo, la frase "estado del arte" no expresa en absoluto la misma idea y por lo tanto está mal empleada; en su lugar y, según el contexto, debió decirse *de tecnología de punta, de última generación, lo último en tecnología*.

Stop › "No hizo el *stop* y chocó con un automóvil", nos dice el policía hispanohablante cuando le preguntamos sobre un accidente. Es muy fácil hablar del *stop* utilizando la voz inglesa que significa *parada* o, como mandato, *alto* o *pare* o *deténgase*. Un gran número de países utilizan *stop* para designar la señal de tránsito que obliga, en un cruce, a detener el vehículo y ceder el paso, y así ocurre también en España. Pero si usted —y nuestro amigo policía— prefieren hablar español sin mezclarlo con voces extranjeras, conviene que digan: "No respetó la señal de *alto* o *pare*".

Subsistir / Sobrevivir › Se ha puesto de moda decir, por influencia del inglés, que la gente "sobrevive" de un día para otro gracias a su ingenio o astucia, u otras razones. La realidad es que quienes *sobreviven* son los que salen con vida de un grave desastre, ya sea un terremoto o un naufragio. Si lo que hacen es arreglárselas económicamente o de otra manera para salir de apuros, lo correcto es *subsistir*.

Suplantar / Sustituir › "Oye— nos ataja un compañero al salir del trabajo, —¿podrías echarme una mano? Resulta que el lunes no voy a poder venir al trabajo por un asunto urgente. ¿No podrías 'suplantarme' tú ese día? De verdad que te lo agradecería mucho". Aunque entendemos lo que nos quiere decir nuestro compañero, no deja de chocarnos su uso del verbo "suplantar" para pedirnos que lo *sustituyamos* o *reemplacemos* en el trabajo el día que él tendrá que faltar. Aunque haya cierta relación entre *suplantar*

»

›› y *sustituir* en cuanto a sus significados, está más que claro que no son términos ni equivalentes ni intercambiables. "Suplantar", según el *DRAE*, significa "falsificar un escrito con palabras o cláusulas que alteren el sentido que antes tenía" o bien "ocupar con malas artes el lugar de alguien, defraudándole el derecho, empleo o favor que disfrutaba". Es evidente que su compañero no está pidiendo ninguna de estas dos cosas.

Sympathetic

> *Sympathetic* no es una persona simpática y patética a la vez. En inglés uno puede sentir *sympathy* hacia alguien, y significa que le tiene *compasión*, aunque ello no implica que sea *simpático* también. De la misma manera, no es necesario ser *compasivo* para ser *simpático*, es decir, *cordial, social, jovial*, aunque si es simpático y también compasivo, eso le hace, además, irresistible.

Tag

> "¡No puede ser! ¿Otra 'tag' mía en una foto?". El pobre Rolando no sale muy favorecido en la fotografía que sus amigos han colgado en Internet. En lugar de consolar a Rolando, Nuria le explica, con mucha razón, que *tag*, en español, es *etiqueta*, cuando identificamos en una imagen digital a una persona. "Pues la próxima vez me vestiré de etiqueta, a ver si así salgo mejor en la foto", le replica, socarrón, Rolando.

Talla › En una tienda de ropa oímos el siguiente diálogo: "¿Qué 'size' le busco?", le pregunta el vendedor a la clienta, y ella le responde: "Búsqueme un 'size' grande". Es común oír conversaciones de este tipo en las tiendas, donde vendedores y compradores usan la palabra *size* —palabra inglesa— en vez de *talla,* voz netamente española.

Tener una opinión formada › Si dice usted que

"tengo la mente hecha", alguien podría preguntarle de qué está hecha. Lo que pasa es que usted tradujo literalmente del inglés *I made up my mind.* El sentido en inglés es diferente: *He made up his mind* significa que alguien tiene una *opinión formada* o *una decisión tomada.*

That's not the point › "La nena no estudia lo suficiente

—se queja doña Enriqueta—. Me parece que la maestra no es muy buena o que da pocas tareas". Y don Fermín, su esposo, la interrumpe: "'Ese no es el punto', Enriqueta, sino que tú no la supervisas lo suficiente cuando hace las tareas". Enriqueta le responde "De acuerdo, Fermín. Yo la supervisaré todo lo que haga falta. Pero no me vengas con eso de que 'no es el punto'; lo que querrás decir es que *no se trata de eso.* Por lo menos conmigo la nena aprenderá buen español, porque lo que es contigo...".

Ticket › "Ese policía me dio un 'tique'", dijo un conductor enojado.

Aunque la palabra 'tique', en este sentido, se usa con frecuencia en el mundo hispanounidense por influencia de la palabra *ticket,* es incorrecta. En español ese odioso papelito que nos da la policía y nos obliga a pagar cierta cantidad de dinero se llama *multa.*

Tiempo / Vez › "Pero bueno, ¿cuántas veces tengo que repetir que una cosa es *tiempo* y otra bien distinta es *vez*?". Parece que no es la primera vez que la profesora Marta explica a sus estudiantes la diferencia entre *tiempo* y *vez*, dos términos que en español corresponden al inglés *time*, sin ser intercambiables. No olvidemos que cuando nos referimos a una ocasión determinada en que se ejecuta una acción, o se hace algo por turno u orden, usamos *vez* o *veces* y no *tiempo*: *En aquel tiempo, solía visitar a mis abuelos tres veces por semana*. Y por cierto, que conste que la profesora tiene razón, pues —apunten la expresión— ya *es hora de que* todos sepamos la diferencia entre *tiempo* y *vez*, y hablemos todo el *tiempo* con propiedad.

Tip › "Necesito que me des unos *tips* para desenvolverme mejor en el trabajo", le pide un nuevo colega que apenas empieza en su empresa. Lo primero que le dirá usted es que hay que evitar en lo posible las palabras en inglés cuando existen equivalentes en español para expresar lo mismo. "Créemelo —le dice usted—, al jefe no le gusta cuando abusamos de los anglicismos y le molestaría escucharte decir *tips* cuando lo que quieres decir en español es recomendaciones o consejos prácticos. Tómate esto, pues, como mi primera *recomendación* para que te vaya bien aquí".

To Apologize › En un programa de televisión, un político hispano dijo que el gobernador del estado, que acababa de ser destituido, le debía una 'apología' al público por su conducta poco honorable. ¿Apología? El político pensaba en inglés, sin duda, porque en español *hacer una apología* es *elogiar* a alguien, mientras que en inglés *to apologize* significa *disculparse, pedir perdón*.

72

To Be Embarrased › Una muchachita hispana, que vino

muy de niña con su familia y se crió en Estados Unidos, casi mata de un susto a su mamá cuando un día al volver de la escuela le dijo que estaba "embarazada". "Sí, mami —le dijo la chiquilla, que cursa el sexto grado—, porque me regañaron delante de toda la clase". La mamá suspiró de alivio ya que en vez de un drama familiar se trataba sencillamente de una confusión idiomática, porque la niña tradujo mentalmente del inglés *embarrassed* por "embarazada", en vez de decir *avergonzada*.

To contest › Acaban de anular un gol en un partido de fútbol y

el locutor asegura que el público "contestó" la decisión. No dudamos de que los simpatizantes del equipo perjudicado hayan reaccionado, pero lo que no nos queda claro es que hayan "contestado" la decisión del árbitro. Lo que ocurre es que el locutor tradujo mentalmente el inglés *contested* por "contestó". Es preferible decir que los hinchas o aficionados *protestaron* la decisión.

To delete › Las nuevas tecnologías han impuesto una serie de

desafíos al lenguaje con realidades nuevas a las que hay que ponerles nombre. Pero eso no quiere decir que las realidades de siempre necesiten términos nuevos. Por eso, conviene advertir que cuando los procesadores de palabras tienen la opción *delete*, en inglés, nosotros tenemos en español el término *borrar* y no "deletear", como hemos oído más de una vez.

To Demand ›

En inglés *to demand* significa *pedir* o *interrogar*, y en español también. Pero en inglés el vocablo *demand* expresa más fuerza, autoridad y premura de tiempo que *demandar* en español. *To demand an explanation* quiere decir *exigir una explicación*, mientras que en español *demandar una explicación* tiene menos énfasis y se puede interpretar simplemente como rogar o pedir una explicación.

To drop a few lines, to drop a letter ›

Mariela, hablando con su vecina Melisa, le contaba que le había "dropeado" unas líneas a su mejor amiga y que había "dropeado" la carta en el buzón de correos. La palabra "dropear" es un calco de la palabra inglesa *to drop*, es decir, *soltar, dejar caer de cualquier modo*. Uno no "deja caer" unas líneas para luego "dejar caer" la carta en el buzón, sino que esas líneas *se escriben* y *se echa* la carta en un buzón. De otra manera seríamos testigos de un fenómeno fantástico: del papel escrito caerían las líneas escritas, caerían las palabras, y volveríamos a quedarnos, de nuevo, con el papel en blanco.

To fall in love with › "Yo quería que solo fuéramos

amigos, pero sin quererlo ella 'se enamoró conmigo' y ahora no sé cómo salvar nuestra amistad", le cuenta Juan Carlos a su amigo Felipe. "Mira, Juan Carlos —le responde Felipe—, no sé cómo puedes salir de este lío con tu amiga, aunque sí podría ayudarte a hablar un poco mejor. Supongo, por ejemplo, que querrás decir que ella *se enamoró de ti* y no 'contigo'". Si bien en inglés la expresión que corresponde a *enamorarse* se construye con el equivalente de 'con' (*to fall in love with*), en español *enamorarse* en cambio se construye con la preposición *de*". A lo cual Juan Carlos le responde: "Menos mal que la gramática es más fácil de arreglar que las relaciones humanas. Ahora ayúdame con mi otro problema, por favor".

To hear from you soon › En algunas cartas formales

aparece la fórmula "Esperamos oír de usted pronto", que es una traducción al pie de la letra de *We hope to hear from you soon*, pero que tiene poco sentido en español. En general, oímos de alguien que ha muerto, que se ha casado, o que está enfermo, o sea que oímos noticias (o rumores) acerca de lo que le está pasando a este alguien, pero la persona que escribe la carta no quiere recibir noticias de ese jaez, sino simplemente una respuesta rápida, y esto es lo que debe decirle a su corresponsal. Por ejemplo, en la correspondencia comercial, una fórmula adecuada sería *En espera de su pronta contestación*.

To Indent › Al dejar espacios en el comienzo de un párrafo

se le llama *sangrar* o *dejar sangría* (que no tiene nada que ver con la deliciosa bebida española, ni con vampiros ni chupacabras) y no "indentar", que es otro calco del verbo *to indent*.

To Lock > Escuchamos a menudo decir: "Esa puerta está 'loqueada'". ¿Es que la puerta es un ser vivo que puede hacer cosas de locos? Es evidente que el uso equívoco del verbo "loquear" viene de la influencia del inglés *to lock*. El verbo *loquear* en español significa decir o hacer locuras. Lo que en realidad se debe decir es: *La puerta está cerrada con llave.*

To Make a difference > "Hacer la diferencia" no es la traducción correcta de *to make a difference*, sino *marcar la diferencia*. En campañas publicitarias se anuncia por ejemplo *Make a difference: Teach a child to read!*, que se traduce "¡Marque la diferencia: enseñe a un niño a leer!", o también "Ponga su granito de arena" o "Deje su huella".

To Molest > *Molestar* a alguien puede causar desagrado pero usualmente no llega a ser una ofensa ni un delito; es simplemente un fastidio. En cambio *acosar* se refiere a un hostigamiento; suele tratarse de una insinuación sexual no deseada, lo que sería una ofensa. En español no se usa la palabra *molestar* como en inglés, *to molest*, para indicar acoso sexual.

To provide no es siempre proveer ›

La traducción al español de *to provide* no es siempre "proveer". En inglés ese verbo tiene múltiples significados: "poner a disposición de, abastecer, determinar, mantener financieramente, precaver, proporcionar o suministrar", según sea su contexto. A la hora de traducirlo no basta con cortar y pegar en el traductor automático de Google. Por ejemplo, *We provide health services* se traduce al español *Se ofrecen servicios médicos*. Otro ejemplo podría ser *She provides for her family*, que se traduce *Ella mantiene a su familia*.

To Push › "Hay que 'pushar' la puerta", le decía una persona a

otra en la entrada de un supermercado cuyas puertas no se abrían automáticamente. Pero "pushar" deriva de la voz inglesa *to push*, cuyo equivalente en español es *empujar*. Digamos mejor "Hay que *empujar* la puerta" cuando queramos indicar de qué manera se puede abrir.

To Resume › "Apúrate, chica, la clase se va a 'resumir' de un

momento a otro", le dice Elena a una compañera. Elena debió haber dicho que la clase se iba a *reanudar*, es decir, empezar de nuevo, y no *resumir*, que en español significa reducir a lo esencial. El error de Elena es haber calcado del inglés el verbo *to resume*.

To Retaliate › Durante la guerra de Irak, un político dijo por la

televisión que Estados Unidos debería "retaliar" los últimos ataques contra las fuerzas estadounidenses. El político pensaba más en inglés que en español porque en nuestro idioma eso de "retaliar" no existe. Lo que quería decir el político es que Estados Unidos tenía que *contraatacar*.

To run an experiment › *To run an experiment* significa

en español *hacer un experimento*. Si las computadoras tradujeran literalmente de un idioma a otro, diríamos "correr un experimento", que conceptualmente significa mudar el experimento de un lado a otro. No es esa la acepción en inglés. Por tanto, para estar de acuerdo con nuestros colegas anglohablantes deberíamos decir que el "científico tiene proyectado *hacer un experimento*".

To take steps › En los medios de comunicación en español

no es raro escuchar oraciones como la siguiente: "Los dirigentes más importantes de Latinoamérica se reunieron en la cumbre para ponerse de acuerdo en cuanto 'a los pasos que se deben tomar' para salir de la crisis". Eso de que "se tomen pasos" es un claro calco de la expresión *to take steps* en inglés. Y nos preguntamos por qué emplear este tipo de calco cuando tenemos a nuestra disposición en español recursos de sobra para expresar lo mismo. Así en la oración anterior hubiese sido mucho mejor emplear una expresión como *tomar medidas* o *adoptar medidas,* locuciones que son mucho más naturales en nuestro idioma.

Tomografía computarizada o computadorizada › Desde que se instalaron

aparatos de tomografía o escáneres para el registro gráfico de imágenes corporales, existe incertidumbre en la denominación del método de tratamiento de la información con computadora. En inglés se dice *computerized tomography,* y de ahí deriva el término tomografía "computerizada", que es un anglicismo. El Diccionario ya reconoce *computarizada* y *computadorizada.*

Trabaja / Funciona

> Juanita, preocupada porque quiere hacer un batido para la cena, se queja: "No puedo hacerlo porque mi batidora 'no trabaja'". ¿Es que acaso la batidora se declaró en huelga? Las personas trabajan; las máquinas, no. Aunque muchas palabras se pueden usar en sentido figurado, es mejor utilizar la palabra *funcionar* para describir algo que no ejecuta las funciones que le son propias. Por lo tanto, lo que Juanita debería haber dicho es *No puedo hacer el batido porque mi batidora no funciona*.

Traffic Light

> Es muy común utilizar la palabra *luz* para referirse al semáforo. Cuántas veces, al preguntar alguna dirección, hemos escuchado aquello de "Cuando llegue a la siguiente luz, gire a la derecha". ¿Qué luz? ¿Se refiere a la luz verde o la luz roja que regula el tráfico? Porque si es así, se refiere entonces al *semáforo*. Todos los semáforos tienen luces, pero no todas las luces vienen de los semáforos. Así que, si quiere ir por buen camino, cuando llegue al próximo semáforo, gire a la derecha, o a la izquierda, según le convenga.

Transcript

> Alister le pidió una carta de recomendación a su profesor de español porque quería solicitar una beca. El profesor le dijo que con mucho gusto se la escribiría pero que le trajera su *transcript*. Alister, desconcertado, le respondió: "¿Quiere usted decir que debo traerle mi *expediente*?". "Eso, eso, su *expediente académico*", dijo el profesor un poco avergonzado.

Tratar de / Tratarse de

> Muchísima gente dice "¿De qué 'se trata' este libro?", sin darse cuenta de que está usando mal el verbo de esta oración. El verbo es *tratar,* no "tratarse", por eso lo correcto es decir *¿De qué trata este libro?* y contestar, por ejemplo, *Este libro trata de la Guerra Civil.* La forma "tratarse" no es una forma reflexiva sino impersonal y por lo tanto no debe usarse con un sujeto explícito. Por eso, no se debe decir: "Este libro 'se trata' de la Guerra Civil", sino *En este libro se trata de la Guerra Civil,* como respuesta a la pregunta *¿De qué se trata en este libro?*

Tray

> En un restaurante, Porfirio, el nuevo mesero, tratando de impresionar al jefe, intenta llevar tres platos al mismo tiempo y sin bandeja. De repente, da un traspié y se le caen los platos. Entonces, el jefe le grita: "¡No, chico, usa el *tray*!". Porfirio, aturdido porque había entendido "tren", no supo qué hacer. Más tarde se enteró de que eso de *tray* significaba *bandeja.*

Tune Up

> "Este auto se está poniendo un poquito caprichoso", se queja Maruja a su esposo Luis. "No es por nada, pero me parece que le está haciendo falta un *tune up*". "Oye, Maruja —le dice su esposo—, ¿no será que a ti te está haciendo falta un poquito de español?". "¿Por qué?", objeta la mujer. "Por eso de *tune up* —le aclara el esposo—, ¿no te parece que es mejor decir una *puesta a punto*?" "Tienes razón, cariño —reconoce Maruja—, ¿por qué no me lo llevas al mecánico ya mismo?".

Ultimate › A pesar de la semejanza formal, el inglés *ultimate* no corresponde siempre al español *último*. Si bien comparte con *último* la idea de "final", *ultimate* significa sobre todo "máximo, esencial, primordial, definitivo" o, en el caso de la moda, "lo mejor, el último grito, lo insuperable". Por ejemplo, *They made the ultimate sacrifice for our freedom* significa *Hicieron el sacrificio supremo por nuestra libertad*; o bien, *the ultimate cause of the problem* significa "la raíz, la causa fundamental del problema". Por eso, cuando uno habla de su *ultimate goal*, no se refiere a "su última meta" (o sea la más reciente), sino *a su meta suprema* (la más importante de todas). Tampoco significa *ultimately* "últimamente", sino que su equivalente en español es *en última instancia*, como en: *Who is ultimately responsible for the decision?*, que se traduce como *¿Quién, en última instancia, es responsable de la decisión?*

Vicious › "¡Los vecinos de enfrente tienen un perro 'vicioso', ten mucho cuidado!", le advirtió una amiga a otra al despedirse viendo que iba a cruzar la calle. ¿Acaso los perros se drogan? ¿Quizás sea un perro alcohólico que se niega a asistir a las reuniones de Alcohólicos Anónimos? Sencillamente, era un perro *agresivo*. En inglés *vicious* significa *feroz, fiero* (hablando de un animal), *despiadado, sanguinario* (hablando de un criminal), *horrible, atroz* (hablando de un crimen). En cambio, en español, *vicioso* es sinónimo de *depravado, disoluto, perverso*. Por ejemplo, *Fulanito de tal fue una persona muy viciosa, por eso murió joven.*

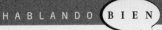

Yard › "Corté la 'yarda' de la casa de mi abuelo", le oímos decir a alguien. Es muy fácil pensar en *yard*, de la voz inglesa, pero aquí la palabra indicada no es "yarda" sino *césped —grama, hierba, prado, pasto—*. En español, *yarda* es una medida de longitud equivalente a 91,4 centímetros (36 pulgadas).

Zip Code › Amanda, hablándole por teléfono desde Nueva York a su mamá en Buenos Aires, le recuerda que cuando le envíe correspondencia no se olvide de incluir el *zip code*. "¿Qué es eso?", le pregunta la mamá. "Ah —le responde Amanda—, me refiero a la *zona postal*". "*Zip code* —le explica Amanda— es el sistema de código postal que se usa en Estados Unidos". Por cierto, ¿sabía usted que *zip* es un acrónimo de *Zone Improvement Plan*, un plan de mejoramiento de zonificación postal para lograr una entrega más eficiente y precisa?

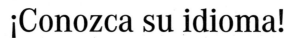

¡Conozca su idioma!

Algunos detalles más sobre la lengua española

Abuso del como

> Es demasiado frecuente oír que a fulano "lo eligieron 'como' presidente", que fue "designado 'como' encargado de negocios" o que fue "nombrado 'como' embajador". En todos estos casos sobra el "como", que suele ser copia del también erróneo uso del inglés *"as"*. Lo correcto es decir que *lo eligieron presidente*, que *lo designaron encargado de negocios* o que *fue nombrado embajador*.

Diferencia entre valor y precio

> Hemos oído decir que ha subido el *valor* del pasaporte. Bueno, que el pasaporte es un documento muy valioso es indiscutible. Aunque hayamos copiado mal el vocablo del francés *passeport*, pasando por el inglés —lo cierto es que lo que se pasa no es *porte*, sino *puerto*—, sin él lo que se pasa es otra cosa menos agradable: dolores de cabeza. Lo que nos quisieron decir es que había subido el *costo* del trámite, que había aumentado el *costo* de sacarlo. Una cosa es el *valor* que recibimos por nuestro gasto, y otra el *precio* o *costo* que tenemos que pagar.

Distingamos entre excusa y pretexto ›

Amigos, no sé con qué *pretexto* nos dan tantas *excusas,* voz esta que copiamos indebidamente del inglés en muchos contextos. Es preferible llamar *pretexto* a lo que se da como justificación para hacer o dejar de hacer algo, y no una *excusa* —el *excuse* del inglés—. Luego, una vez consumado el hecho o pasado el momento en que se dejó de consumar, es cuando se ofrece la *excusa,* es decir, la explicación con que pretendemos eludir responsabilidades.

El pretérito del verbo poner › El pequeño le

dice a la mami: "¡Me 'ponieron' en penitencia en la escuela!". Bueno, ¿será acaso que lo castigaron por faltar a su idioma? A lo mejor el pequeño pensó que si de *comer* se dice *comieron,* entonces lo más lógico sería que a *poner* le correspondiera "ponieron", porque la lógica infantil tiende a regularizar siguiendo los modelos. Pero ese error, que cometen los niños y también los que ya no son niños, se subsana buscando la conjugación en los libros de texto: el verbo *poner* es irregular, y por eso no se dice "ponieron" sino *pusieron.*

El pretérito del verbo satisfacer › ¿Diría usted

"anoche 'hací' un bizcocho riquísimo"? No, claro que no; diría "anoche *hice* un bizcocho riquísimo". De la misma manera, no debe decir usted "satisfací" sino *satisfice.* La solución consiste en conjugarlo como el verbo *hacer,* y así quedará satisfecho.

El verbo apretar

> Andrés entra en un ascensor lleno de gente. Como no puede alcanzar los botones que indican los diferentes pisos, le dice a la persona que está delante de ellos: "Por favor, 'aprete' el número cinco". Probablemente, la persona a quien se le pide el favor entiende lo que le piden, aunque lo que le debería haber dicho Andrés es: *Por favor, apriete el número cinco*. El verbo *apretar* es un verbo irregular que se conjuga en la misma forma que el verbo *calentar*. Usted dice *Yo caliento* y no "Yo calento". Pues el verbo apretar se conjuga igual: *Yo aprieto*, y no "Yo apreto".

Entrar

> En un artículo de periódico, lee usted la siguiente oración que le parece un tanto graciosa: "Los agentes de la policía no encontraron a los sospechosos cuando 'entraron dentro de la casa'". Aunque la oración no está completamente mal, hay algo en ella que no encaja bien. Verá: el verbo *entrar* ya de por sí expresa la idea de "ir o pasar de afuera hacia dentro". Es decir, la expresión "entrar dentro" resulta claramente redundante. Hubiese bastado con decir que los policías *entraron a* o *entraron en* la casa sin añadir ese "dentro" que sobra.

Impertinente / Impenitente

> No hace mucho, en una entrevista que le hacían en un periódico a un señor que había logrado vencer al demonio del alcohol, este le decía al reportero: "Convertí mi casa en un infierno. Yo era un borracho 'impertinente', golpeaba a mi esposa, a mis hijos...". ¿"Impertinente"? ¿No habrá querido decir otra cosa? Lo que quiso decir el entrevistado es que "era un borracho *impenitente*", es decir *empedernido* o *incorregible*.

Los artículos en español

> En español es necesario usar los artículos definidos (*el, los, la, las*) en muchos casos en que en inglés se omiten. Dígase *el análisis del examen, el profesor López*, no "análisis de examen" o "profesor López". Debido a la interferencia frecuente del inglés se tiende a omitir los artículos definidos al escribir y hablar en español. Es frecuente leer estos desatinos también en los grandes titulares de los periódicos; en esos casos, más que por influencia del inglés, es por usar las menos palabras posibles.

Palabras españolas con sufijos ingleses

Es frecuente oír que uno debe ser "realístico", o que no debe ser "pesimístico" sino "optimístico". Estos consejos son sin duda valiosos, pero el problema es que la persona que los da se expresa mal. Este sufijo final *-ístico* es una copia del inglés *-istic*, ya que las raíces de estos adjetivos suenan en las dos lenguas de forma muy parecida. Lo correcto en español es decir *realista, pesimista* y *optimista*, tanto para sustantivos como para adjetivos, mientras que el inglés distingue los adjetivos de los sustantivos por la presencia o la ausencia del sufijo en cuestión: *realist* (sust.) / *realistic* (adj.); *pessimist* (sust.) / *pessimistic* (adj.); *optimist* (sust.) / *optimistic* (adj).

Pronunciación de topónimos

> Como muchos lugares de EE.UU. fueron fundados por españoles, no cabe usar las versiones anglicadas, como por ejemplo *Texas* (TeCSas) al estilo inglés, en vez de *Tejas*. Por vicio anglicista se cometen también los siguientes errores de pronunciación: "RIno" (Nevada) en lugar de Reno, "Monterey" (California) pronunciada con ere suave en lugar

>>

›› de *MonteRRey*. Lo mismo se aplica, por contagio del inglés, a la pronunciación "Flórida", cuando *FlorIda* es voz netamente española.

Se los dije / Se lo dije › "¡Chicos, 'ya se los dije'!

¡Esto no puede seguir así!", exclama un estudiante exasperado por la conducta de uno de sus compañeros. Pero debería haber dicho *se lo dije*, porque les dijo una sola cosa, a la que este *lo* se refiere, aunque se dirigió a varias personas. E incluso si se hubiera dirigido a una sola persona, la oración no habría cambiado, ya que *se* —que es el objeto indirecto en este caso— es invariable. La diferencia entre *Se lo mandé* y *Se los mandé*, por ejemplo, deriva de que, en el primer caso, *lo* se refiere a un objeto directo en singular, y en el segundo, a un objeto directo en plural, sin importar si el destinatario es una o son varias personas, como en el siguiente par de ejemplos: *¿El regalo? Se lo mandé a tu(s) padre(s) por correo* vs. *¿Los regalos? Se los mandé a tu(s) padre(s) por correo.*

Una de las cosas que me gusta / Una de las cosas que me gustan › Una chica que

está hablando de su novio dice: "'Una de las cosas que me gusta' de él es que no fuma". Seguro que le gustan más cosas, aunque en esta oración sólo se refiere a una de ellas. Debería haber dicho *que me gustan*, porque se refiere a una cosa entre varias, de modo que la concordancia debe ser en plural. Si esta fuera la única cosa que le llamó la atención, no debería haber dicho "una de", sino simplemente *la cosa que*. ¿Pero a quién le va a gustar salir con alguien sólo porque no fume?

Voz activa / Voz pasiva › Un periódico anunciaba:

"Los estudiantes no aprueban los exámenes estatales de lectura ni matemáticas. 'Los datos fueron estudiados' por un grupo de especialistas de la Junta de Educación..." En español se usa la voz activa y debe evitarse en lo posible la voz pasiva, que es más común en inglés. El periódico debería haber anunciado: "Un grupo de especialistas de la Junta de Educación *estudió / hizo un estudio...*"

Bibliografía

Agencia EFE. *Manual de español urgente* (decimocuarta edición corregida y aumentada). Madrid: Cátedra, 2001. Impreso.

Alfaro, Ricardo J. *Diccionario de anglicismos.* 2ª edición. Madrid: Gredos, 1970. Impreso.

Associated Press. *Manual de estilo online de la AP.* Nueva York: Associated Press, 2012.Web.

Bernal Labrada, Emilio. *La prensa li(e)bre o los crímenes del idioma.* Miami: Ediciones Universal, 2001. Impreso.

Covarrubias, Jorge, I. *Manual de técnicas de redacción periodística.* Nueva York: The Associated Press, 1996. Impreso.

De Gracia Reynaldo, Rodolfo. *El español de nuestros días.* Panamá: Academia Panameña de la Lengua, 2010. Impreso.

Dumitrescu, Domnita, y Gerardo Piña-Rosales, eds. *El español en los Estados Unidos: E Pluribus Unum? Enfoques multidisciplinarios.* Nueva York: Academia Norteamericana de la Lengua Española, 2013. Impreso.

El Nacional. *Manual de estilo.* Caracas: Editorial CEC, 1998. Impreso.

García Domínguez, Pedro, y Alberto Gómez Font, eds. *El idioma español en las agencias de prensa.* Madrid: Fundación Germán Sánchez Ruipérez y Agencia EFE, 1990. Impreso.

Gobierno de La Rioja y Agencia EFE. *El idioma español en el deporte. Guía práctica.* Logroño: Gobierno de La Rioja, 1992. Impreso.

Gómez Font, Alberto, ed. *Manual de estilo.* Olympia: Libros sin frontera, 2003. Impreso.

Grijelmo, Álex. *El estilo del periodista.* Bogotá: Alfaguara, 2003. Impreso.

La Nación. *Manual de estilo y ética periodística.* Buenos Aires: Compañía Editora Espasa Calpe Argentina, 1997. Impreso.

López Morales, Humberto. *La globalización del léxico hispánico.* Madrid: Espasa Calpe, 2006. Impreso.

Lorenzo, Emilio. *El observatorio de la lengua.* Madrid: Agencia Española de Cooperación Internacional para el Desarrollo, 2009. Impreso.

Martínez de Sousa, José. *Usos y dudas del español actual.* Barcelona: Bibliograf, 1996. Impreso.

Moreno de Alba, José G. *Minucias del lenguaje.* México: Fondo de Cultura Económica, 1995. Impreso.

—. *Nuevas minucias del lenguaje.* México: Fondo de Cultura Económica, 1996. Impreso.

Prado, Marcial. *Diccionario de falsos amigos inglés-español.* Madrid: Gredos, 2001. Impreso.

Real Academia Española. *Diccionario de la Lengua Española.* 22ª edición. Madrid: Espasa Calpe, 2001. Impreso.

Real Academia Española y Asociación de Academias de la Lengua Española. *Diccionario panhispánico de dudas.* Madrid: Santillana, 2005. Impreso.

—. *Nueva gramática de la lengua española.* Vols. I-II. Madrid: Espasa Libros, 2009. Impreso.

—. *Ortografía de la lengua española.* Madrid: Espasa Libros, 2010. Impreso.

—. *El buen uso del español.* Barcelona: Espasa Libros, 2013. Impreso.

Seco, Manuel, y Elena Hernández. *Guía práctica del español actual: Diccionario breve de dudas y dificultades.* Madrid: Espasa Calpe, 1999. Impreso.

Slager, Emile. *Diccionario de uso de las preposiciones españolas.* Madrid: Espasa Calpe, 2007. Impreso.

Zorrilla, Alicia, *Diccionario de las preposiciones españolas. Norma y uso.* 2ª edición. Buenos Aires: e.d.b., 2004. Impreso.

—. *Dudario. Diccionario de consultas sobre el uso de la lengua española.* Buenos Aires: Litterae, 2011. Impreso.

Índice temático

¡Conozca su idioma!
Algunos detalles más sobre la lengua española   **83**

Bibliografía   91

ACADÉMICOS DE NÚMERO
(Por orden de antigüedad)

D. Eugenio Chang-Rodríguez

D. Roberto Garza Sánchez

D. Roberto A. Galván

D. Stanislav Zimic

D. Raúl Miranda Rico

D. Rolando Hinojosa-Smith

D. Carlos Alberto Solé

D. Gerardo Piña-Rosales

D. John J. Nitti

D. Joaquín Segura

D. Emilio Bernal Labrada

D. Luis Perez Botero

D. Nicolás Toscano Liria

D. Marcos Antonio Ramos

D.ª Estelle Irizarry

D. Mordecai Rubín

D. Ubaldo Di Benedetto

D. Robert Lima

D.ª Silvia Faitelson-Weiser

D. Antonio Culebras

D. José Amor Y Vázquez

D. William H. González

D. Antonio Garrido Moraga

D. Robert Blake

D. Juan Manuel Pascual

D. Orlando Rodriguez Sardiñas (Rossardi)

D.ª Janet Pérez

D. Jorge Ignacio Covarrubias

D. Luis Alberto Ambroggio

D. Milton M. Azevedo

D.ª Georgette Dorn (electa)

D. Víctor Fuentes

D. Isaac Goldemberg (electo)

D.ª Mariela A. Gutiérrez

D.ª Leticia Molinero

D.ª Rima R. Vallbona

D.ª Domnita Dumitrescu

D. Daniel R. Fernández (electo)

D. Elio Alba Bufill (electo)

D. Carlos E. Paldao (electo)

ACADÉMICOS CORRESPONDIENTES

D. Alberto Acereda	D. Jorge Kattán Zablah
D. Horacio Aguirre	D. Luis Mario
D. Mario Andino López	D. Emilio Martínez Paula
D. Armando Alvarez Bravo	D.ª Maricel Mayor Marsán
D.ª Uva De Aragón	D. Gonzalo Navajas
D. Alfredo Ardila	D. John O'Neill
D. Marco Aurelio Arenas	D. F. Peñas-Bermejo
D. Samuel G. Armistead	D.ª Teresinka Pereira
D. Joaquín Badajoz	D. José Luis S. Ponce De León
D. Garland D. Bills	D. Christian Rubio
D. Javier Bustamante	D.ª E. Sánchez Grey-Alba
D. Germán Carrillo	D. Eduardo Urbina
D. Luis Angel Casas	D. Luis Rios
D. Alberto Castilla Villa	D. Alister Ramírez Márquez
D. David Deferrari	D. Rafael E. Saumell-Muñoz
D. Mark P. Del Mastro	D.ª Maria Elena Pelly
D.ª M. De La Paz Fernández	D.ª Nuria Morgado
D. Charles B. Fullhaber	D.ª Patricia López L.-Gay
D.ª Laura Godfrey	D.ª Ana María Osan
D. Gustavo Godoy	D.ª Marta López Luaces
D. L. T. González Del Valle	D. Daniel Q. Kelley
D. Alfonso F. Del Granado	D.ª Rosa Tezanos-Pinto
D.ª Alicia De Gregorio	D.ª Isabel R-Vergara

D.ª Laura Pollastri

D. M. M. Martín-Rodríguez

D.ª Juana A. Arancibia

D. Lauro Zavala

D. Everette Larson

D. Mario A. Ortiz

D.ª Violeta Rojo

D.ª Stella Maris Colombo

D.ª Francisca Noguerol

D.ª Graciela S. Tomassini

D. J. C. Torchia-Estrada

D. Antonio Monclús

D. Thomas E. Chávez

D. Serge I. Zaitzeff

D. Eduardo Lolo

D. Harry Belevan-McBride

D. Manuel J. Santayana

D. Jose Luis Abellán

D. Oscar Acosta

D. Abdelouahed Akmir

D. José Manuel Allendesalazar

D. F. Albizúrez Palma

D. Jorge E. Arellano

D. Fredo Arias De La Canal

D. Pedro Luis Barcia

D. Belisario Betancur

D.ª Silvia Betti

J. M. Caballero Bonald

D. Alberto Cañas

D.ª Margarita Carrera

D. Carlos Castañón Barrientos

D. Santiago Castelo

D. David Escobar Galindo

D. Carlos Fernández Shaw

D.Manuel Garrido Palacios

D. Carlos Jones Gaye

D. Alberto Gómez Font

D. José M. Gómez Y Méndez

D. Anthony Gooch

D. Félix Grande

D.ª Nuria Gregori

D. Pedro Guerrero Ruiz

D. Heliodoro Gutiérrez

D.ª Aurora Humarán

D. Chen Kaixian

D. Amancio Labandeira

D. Armando Labastida

D. Angel López G.-Molins

D. Humberto López Morales

D. Jesús López-Peláez

D. W. Carlos Lozano

D. Alfredo Matus Oliver

D. José Moreno De Alba

D. F. Muñoz Guerrero

D. Jose Luis Najenson

D. Fernando A. Navarro

D. José María Obaldía

D.ª Rocío Oviedo

D. Antonio Pamies Beltrán

D. Antonio Porpetta

D. Jaime Posada

D. Domingo Prieto García

D. Raúl Rivadeneira Prada

D. H. Rodríguez Castelo

D. José Romera Castillo

D. José Guillermo Ros

D. Yuri A. Rylov

D. Felipe San José

D. Sergio Valdés Bernal

D. Gonzalo Santonja

D.ª Fatima Tahtah

D. Hiroto Ueda

D. Benjamín Valdivia

D. Juan Van-Halen Acedo

D. José Luis Vega

COLABORADORES
(Por orden de nombramiento)

D.ª Vanessa Lago Barros

D.ª Cristina Bertrand

D.ª María Eugenia Caseiro

D.ª Adriana Bianco

D. Fernando Walker

D.ª María Leticia Cazeneuve

D.ª Mary S. Vásquez

D.ª Maria Cornelio

D. Andrew Lynch

D. Porfirio Rodríguez

D.ª Rosa Alicia Ramos

D. A. González Acosta

D. Ginés Lozano Jaén

D.ª M. T. Caro Valverde

D. Antonio Román

D.ª Natalia Manfredi

D.ª Kathleeno'connor

D. Steven Strange

D. N. Martínez Valcárcel

D.ª Carmen Tarrab

D.ª Liliana Soto-Fernández

D.ª Oneida M. Sánchez

D. Armando Miguélez

D.ª Laura Sánchez

D. Mariano Vitetta

D. Angel Aguirre

D.ª María Rosa De Madariaga

D.ª María De Marcos Alfaro

D.ª Cristina Ortiz

D.ª Ana Sánchez-Muñoz

D. Gustavo Godoy

D.ª Mª D. Cuadrado Caparrós

D.ª Élida Marcela Testai

D. Ángel Cuadra

D. Alberto Avendaño

D. César Sánchez Beras

D.ª Gabriela M. Espinosa

D. Rolando Pérez

D. Antonio Acosta

D.ª María José Luján Moreno

D.ª Anna De Santis

D.ª Phyllis E. Vanburen

D.ª Tania Pleitez Vela

D. Juan Carlos Dido

D.ª Ana María Shua

D. Ernest A. "Tony" Maresd.
Fernando Sorrentino

D.ª Celia López-Chávez

D.ª Rhina Toruño-Haensly

D. Guillermo A. Belt

D.ª L. Bustamante Valbuena

D.ª Mary Salinas Gamarra

D.ª Lucila Herrera

D. Miguel Gomes

D. Jorge Werthein

D. Nasario García

D. Teodoro Hampe Martínez

D.ª Cristina Chocano Muñoz

D. Hyosang Lim

D. Francisco Laguna-Correa

D.ª Carmen Benito-Vessels

D.ª Nela Rio

D. Alberto Rojo

D.ª Olvido Andújar

D.ª Jeannette L. Clariond

D.ª Clotilde Fonseca Quesada

D. Domingo Tavarone

Hablando *bien* se entiende la gente

Consejos de la
ACADEMIA
NORTEAMERICANA
DE LA LENGUA ESPAÑOLA
para mejorar su español

¿Un candidato "corre" para alcalde? ¿Es correcto decir "le mando una caja conteniendo libros"? Un *billion* en inglés ¿debe traducirse como billón en español?

Los hispanos que vivimos en los Estados Unidos advertimos la fuerte influencia que el inglés ejerce sobre nosotros. En nuestro diario andar puede resultar todo un reto encontrar el término preciso, la frase adecuada, el tiempo verbal correcto... y ni hablar del mar de dudas sobre ortografía y gramática que amenaza con ahogarnos.

En *Hablando* bien *se entiende la gente* la Academia Norteamericana de la Lengua Española (ANLE) inicia una nueva aventura. Con un tono simpático y acompañado de ilustraciones, estas páginas te ofrecen un manual de supervivencia que despejará tus dudas ortográficas y gramaticales; y en el que encontrarás recomendaciones idiomáticas, los términos correctos para cientos de palabras, así como la respuesta a algunas de las preguntas que nos hacemos más frecuentemente sobre el uso del idioma.

Como bien aconseja el sabio y chispeante refranero español: "Para hablar y comer pescado, hay que tener mucho cuidado".